修飾語 — 場所（どこで） — 時（いつ） .

←これが超基本の語順！点線部分は必要なものだけ付け足していく（不要なものは付けない）。

S=主語　V=動詞　O=目的語（Vの対象物）　C=補語（SやOの意味を補う語）

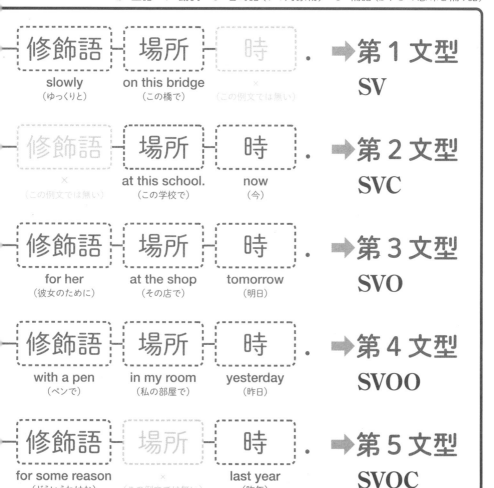

修飾語	場所	時	
slowly（ゆっくりと）	on this bridge（この橋で）	×（この例文では無い）	➡第1文型 SV
×（この例文では無い）	at this school.（この学校で）	now（今）	➡第2文型 SVC
for her（彼女のために）	at the shop（その店で）	tomorrow（明日）	➡第3文型 SVO
with a pen（ペンで）	in my room（私の部屋で）	yesterday（昨日）	➡第4文型 SVOO
for some reason（どういうわけか）	×（この例文では無い）	last year（昨年）	➡第5文型 SVOC

「全年齢対象」の「学び直し」教室

中学英語をもう一度はじめからていねいに

東進ハイスクール 講師

大岩 秀樹
OIWA Hideki

東進ブックス

はじめに

はい、どうもこんにちは！

ワタクシは、東進ハイスクール・東進衛星予備校で
英語を担当している、大岩秀樹と申します！
宜しくお願い申し上げます！

この本を手に取ってくれたということは、
英語が苦手で、もしくは学校で勉強したことを全部忘れてしまって、
「まずは簡単な基礎から勉強しよう」
と考えている人が多いのではないですかな？

多くの人が「基礎＝簡単なこと」と思っているようですが、
ナント実は、それは大きな間違いなんです‼
「頻繁に使うから、1つでもわからないことがあったらもう終わり」
の超頻出重要必修事項。

それが「基礎」の意味だとワタクシは思うんですよね。

家などの建物は、基礎の工事に少しでも落ち度があれば、
どんなに頑張って建てても「欠陥住宅」になってしまいますよね。
英語も同じで、基礎は99％の理解じゃダメで、
100％理解して初めて使えるものになるんです。

この本で展開する授業は、参考書"初"と言っていいくらいの
「超基礎レベル」から始めて、日常の英会話はもちろん、
高校受験・大学受験・英検・TOEIC など
あらゆる英語の試験に必要な基礎力（基礎知識）を
1冊で「完璧」に固めることができるように構成されています。

高みを目指す人ほど基礎をおろそかにしがちですが、
「基礎」ができなければ「応用」は絶対にできません！
中学生でも高校生でも大学生でも社会人でも、
まずはこの本でシッカリと英語の「基礎」を固めて、
世界へと羽ばたける強靭な英語力を身につけましょう！

2024年2月

大岩 秀樹

本書の使い方

Ⅰ 基本的な使い方

　本書は、4つの章に分かれています。第1・2章では、中学3年間で学ぶ英文法を全19講に分け、下図のように、「講義」→「CHECK問題」→「講義」→「CHECK問題」というシンプルな形式で、1つ1つ、スモールステップ方式で講義を展開します。第3章では、英文読解にチャレンジ。比較的易しく短い英文を使って、長文読解（リーディング）の基礎力を高めます。巻末資料には、日常生活でよく使う基礎的（＝超重要）な単語・熟語・会話表現をすべてまとめました。

　高校受験はもちろん、大学受験や英検（3級～2級程度）・TOEICテスト（470～600点程度）にも必要な「**英語の総合的な基礎力**」がこの1冊で完璧に固まります。ゆっくりでいいので、1つ1つシッカリ理解しながら、読み進めていきましょう。

● **本文（講義）**
中学で学ぶ超基礎英文法や長文読解（リーディング）の講義です。とにかく何度でも読んでください。

● **脚注**
本文の補足説明や注意点、その他覚えておいた方がいいことが収録されています。本文中に▼印がある場合は、その部分に対応した脚注が付いています。

● **CHECK問題**
各講の終わりには、CHECK問題が見開きで付いています。
左ページに問題があり、
右ページに解答・解説があります。
実際に解いて、身につけた知識をシッカリ確認してください。
間違えた場合は必ず本文に戻って復習しましょう。

2 学習（復習）の仕方

「英語」が「言葉」である以上、
学習（復習）には「口から音を出す訓練＝音読」が欠かせません。
そこで、「音読で意識すべき2大ポイント」を発表いたしましょう！

● **POINT**

音読で意識すべき2大ポイント

① 語順と内容を意識する！
② 相手に「伝える」という意識を持つ！

つまり、シッカリと語順と内容を意識しながら、
ハッキリと言葉を相手に「伝える」ような音読が良いわけです！

この本では、英語を「カタマリ」で身につける工夫がされています。

例　I like [to play tennis].　←[　]がカタマリ

　　（私はテニスをすることが好きだ）

実は、このカタマリは「意味を持つカタマリ」になっています！
音読のときはこのカタマリを意識し、
次のように ╱ で区切って音読をしましょう。
_{スラッシュ}

　　I like [to play tennis].

＝　I like ╱ to play tennis.　←意味を持つカタマリを意識

　　（音読）I like ╱私は好きだ╱ to play tennis ╱テニスをすることが

この音読を数回くり返すと、日本語がジャマになるときがきます。
そうしたら、今度は日本語を使わずに音読しましょう。
これを何度も何度もくり返し、
最終的に英語のままで理解できるようになれば音読終了です。
「この本に載っている英文はすべて暗記暗唱する」
というつもりで頑張ってみてください！
この本が終わる頃にはスゴイ英語力が備わっているはずですよ！

3 本書で使う記号

S = 主語	Subject	（背面が水色の部分は主語）
V = 動詞	Verb	（背面が桃色の部分は動詞）
O = 目的語	Object	（背面が黄色の部分は目的語）
C = 補語	Complement	（背景が緑色の部分は補語）

例 Hideki made them happy.
   S V O C

V原 =動詞の原形	〜 =**名詞**が入る
Vp =動詞の過去形	… =**形容詞**や**副詞**が入る
Vpp =動詞の過去分詞形	..... =**文**や**節**が入る
to V原 =不定詞	**A B** =文法的に対になる要素
Ving =動名詞／現在分詞	[ ] =言い換え可能

[ ] =**名 詞**のカタマリ	例 =**例文の印**
〈 〉 =**形容詞**のカタマリ	▶ =和訳の印
( ) =**副 詞**のカタマリ	▼ =「脚注参照」の印

4 音声について

東進WEB書店の本書ページからパスワード（＝Ldbg1988）を入力することで、本書の音声を無料ダウンロード（またはストリーミング再生）できます。スマートフォンの場合は、右の二次元コード（➡）から直接アクセス可能です。また、各章扉にある二次元コードからも、その章の音声をストリーミング再生できます。

【音声の内容】

◎第1・2章…カコミ付き例文とCHECK問題の音声が、「日本文→英文」の順で1回ずつ読まれます。

◎第3章…英語長文の音声が読まれます（日本文はありません）。

◎巻末資料…リズム音楽に乗せて、「英単語→日本語」の順で1回ずつ読まれます。

もくじ

第1章
全項目で必要な知識

第**2**章
カタマリを作る文法

第3章
英文読解の練習

【備考】

　本書は、大学受験用参考書のベストセラー『大岩のいちばんはじめの英文法』の【超基礎文法編】と【英語長文編】を「合本」にして大幅に再編した内容をベースとしています。ただし、高校で学ぶ項目(過去完了・分詞構文・関係副詞など)や英語長文の「実戦演習」は省略し、中学で学ぶ基本事項については手厚く解説を新規追加しています。

　また、【巻末資料】も新規追加したものです。中学レベルの最も重要な「日常生活でよく使うコトバ(＝英単語・英熟語・会話表現)」を収録。英文法だけでなく、長文読解や語彙の基礎・基本もこの1冊ですべてマスターできます。

第1章
全項目で必要な知識

「基礎＝超必修重要事項」なのですが、この章ではそんな「基礎」のさらに基礎、「全項目で必要な知識」をやります。これは99％の理解じゃダメなので、絶対に「100％」理解してほしいところです。大丈夫。中1レベルから「はじめからていねいに」進んでいくので、安心してついてきてくださいね！

【音声学習】

下の二次元コードをスマートフォン等のカメラで読み取ると、第1章のカコミ付き例文やCHECK問題の音声が「日本文→英文」の順でストリーミング再生されます。

品詞

～基本4品詞（名詞・動詞・形容詞・副詞）～

> ● 今回の KEY WORD ●
>
> ①名詞　②動詞　③形容詞　④副詞

英文法の学習で一番最初に押さえてほしいのが、この**品詞**なんです。
品詞はどんな授業を受けていても必ず必要になるので、
最初にシッカリとわかるようにしちゃいませんか！
特に私の授業では、**これから学ぶほぼすべての文法事項を**
名詞・動詞・形容詞・副詞の4つに分けて考えるので、
品詞がわかっているとメキメキと上達していきますからね。▼

・・・ おお、お待ちしておりました、その疑いのまなざし!!!
ウソかホントかは、この本の授業が終わればわかりますが、
なんと、「ホント」なので安心してください。
そして、ムチャクチャ簡単なので、さらに安心してくださいね。
さあ、準備はよろしいでしょうか？
それでは、さっそく**名詞**から行ってみましょう！

I 名詞

「名詞」って聞いたことありますか？
…初対面のビジネスマン同士があいさつ代わりに交換する紙？
いや、それは「名刺」ですから！
・・・ 名詞とは、**人やモノや事柄などの名前を表す言葉**のこと。
例えば、**Michael** や **Ann** などという人の名前とか、

> 補足 ┃ ▼この4品詞が英文法のメイン！
>
> 英文は基本的に、**名詞・動詞・形容詞・副詞の4つをメイン**にしてできています。
> つまり、英語で何かを相手に伝えるとき、この4つを中心に考えて英単語を並
> べればいいですね。だからこの4品詞はとっても大事！ シッカリ押さえておき
> ましょう！

dog、desk、banana、idea、fire、accident などですね。
これらは全部「名詞」という品詞なんですよ。
でね、この名詞について、日本語と英語で全然違う点があります！
英語ネイティブの人たちは、名詞を表すときに
それが「数えられるモノなのか、数えられないモノなのか」を
めちゃくちゃ意識するということ!!!
名詞には**数えられる名詞**と**数えられない名詞**があるわけですね。
…で、数えられる名詞の場合、
単数（1つ）なら a[an] などが名詞の前に付く**単数形**になり、
複数（2つ以上）なら語尾に s[es] が付く**複数形**になるんです。
ちなみに、数えられない名詞は、複数になるはずがないので、
常に単数形（a[an] は付かない）が基本ですからね。

> **POINT**
>
> ## 名詞の単数と複数
>
> ❶ **数えられる名詞**（＝可算名詞）
>
> 　**単数**（1つ）　　→**単数形**（a[an] などが前に付く）
>
> 　**複数**（2つ以上）→**複数形**（語尾に s[es] が付く）
>
> ❷ **数えられない名詞**（＝不可算名詞）
>
> 　→常に**単数形**（a[an] は付かず形は変わらない）

細かいことですが、シッカリ覚えていきましょうね！
ちなみに、普通の名詞（のカタマリ）の場合は
a banana、a dog、a big apple のように a を付けますが、
「**母音**」で始まる名詞（のカタマリ）の場合、前に an を付けます。▼

例　an apple　　an ear　　an old man
　　[ǽpl]　　　[íər]　　　[óuld]　　←発音記号の青字部分が「母音」
　　アップル　　イアァ　　オウルドゥ

▼**母音**とは、簡単にいうと「ア・イ・ウ・エ・オ」と発音する音（＝発音記号で表すと [æ/ɑ/ʌ/ə/a/i/u/e/o/ɔ]）のことです。a apple（ア アップル）のように母音が続くと**発音しづらい**ので、母音の前の a [ə] は an [ən] になると覚えましょう。なお、[b/k/d/f] などの**母音以外の音**を「**子音（しいん）**」といいます。

11

ところで、「数えられる名詞と数えられない名詞の見分け方」
って知ってますか？

pencil は数えられる名詞ですよね。1本、2本…って。

じゃあ、chalk は数えられますか？

…そう！　数えられるかと思いきや、

実は、chalk は数えられない名詞なんですよ。

数えられる名詞というのは、

「破片にしたときに名前が変わってしまう名詞」だと考えましょう。

鉛筆は破片にしたら「木のクズ」に名前が変わりますよね。

でも、チョークは破片にしても「チョーク」のまま。

服にちょっとチョークの粉が付いてたら、

「チョークが付いてるよ」って言われますよね？

一方、鉛筆の破片が服に付いてても、

「あ、鉛筆付いてるよ！」とは言われないですよね!?

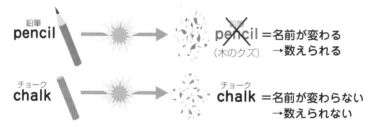

この chalk のように、**どんなに小さく、少量にしても名前が変わらな
い名詞は数えることができない**というのが基本なんです。

この考え方ができる名詞を「物質名詞」と呼ぶこともありますよ。

例　water・milk・air・wood・paper・bread・money・salt

液体・気体・製品原料・食料など、決まった形を持たず、

分割して数えることができないものが物質名詞なんですね。

とにかく、名詞は単数形・複数形を常に意識しなきゃいけません。

ちなみに、名詞の複数形の作り方は次のとおりです。

語尾の文字に注目して、覚えておきましょう。

● BASICS ●

【名詞】複数形の作り方

❶ 普通の名詞 ➡ -s を付ける

　　例　dogs（イヌ）　books（本）　rabbits（ウサギ）

❷ 語尾が s / o / x / sh / ch ➡ -es を付ける

　　例　buses（バス）　tomatoes（トマト）　boxes（箱）　dishes（皿）　churches（教会）

　　※例外：pianos（ピアノ）　radios（ラジオ）　←語尾が o なのに -s

❸ 語尾が「子音字＋y」 ➡ y を i に変えて -es を付ける ▼

　　例　baby → babies（赤ん坊）　copy → copies（コピー）　enemy → enemies（敵）

❹ 語尾が f / fe ➡ f / fe を v に変えて -es を付ける

　　例　wolf → wolves（オオカミ）　leaf → leaves（葉）　knife → knives（ナイフ）

【例外】

❺ 単数と複数が同じ名詞 ➡ 形は変わらない

　　例　deer（シカ）　sheep（ヒツジ）　fish（魚）　salmon（サケ）　Japanese（日本人）

❻ 不規則変化（スペルが変化する）

　　例　man → men（男性）　woman → women（女性）　mouse → mice（ネズミ）
　　　　foot → feet（足）　tooth → teeth（歯）　child → children（子供）

❷ の「s / o / x / sh / ch」は、「**ソックス周知**」と覚えましょう！

ソックスのくささは**周知**の事実であるということですね！

…あと、語尾が「子音字＋y」や「f / fe」である名詞にも要注意ですよ！

さて、ここまでは大丈夫ですか!?

頑張ってついてきてくださいね！

では、次は最も重要な品詞、**動詞**に行ってみましょう！

補足 ▼「子音字」＝「母音字」以外の文字

子音字とは、「a i u e o」以外の 21 個のアルファベット（b c d f g h j k l m n p q r s t v w x y z）のこと。母音以外の音（＝ [b/d/s/f] など）を「子音」といいますが、その子音で読まれるアルファベットの文字を「子音字」というわけです。ちなみに、母音で読まれる文字（＝ a i u e o）を「母音字」といいます。

2 動詞

動詞って何かわかりますか？

答えは「**主語の動きや状態を表す言葉**」のことなんです。▼

例えば、run、act、sleep、live のような言葉ですね。

ちょっと動詞の例を見てみましょうか。

例文 1

Mike played with Bob yesterday.

▶マイクは昨日ボブと遊んだ。

この文の主人公（主語）は「Mike」で、行動は「played」ですよね。

このように、主人公の動き（や状態）を表す言葉を動詞というんです。

英文を読んだり書いたりするときは、

主人公が何をしたのかというのが一番大事になってきます。

だから、英文を読むときは、動詞に注目することが大事になるので、

これシッカリ覚えておきましょう。

動詞に関しては第2・3講でミッチリやるのでお楽しみに！

さあ、だんだん調子が出てきた頃じゃないですか？

この調子で**形容詞**も征服しちゃいましょうか！

3 形容詞

実はこのへんから「**?????**」となる人がムチャクチャ多い！

でも大丈夫！ あと5分後にはシッカリ理解できていますからね！

「**形容**（する）」を辞書で引くと、

「物事の形・性質・ありさまなどを言い表すこと」

といった意味が出てきます。

補足 ▼「主語」とは文の主人公のこと！

主語とは、日本語にしたときに「〜は」や「〜が」にあてはまる、その文の**動作の主**のことです。例えば、「私は勉強する」は「私は」が主語で、「あなたが行く」は「あなたが」が主語になります。**名詞だけが主語になれます。**

「あの人の**形容**できない美しさ…」などと使われる言葉なんですね。

「詞」というのは「言葉」という意味。

つまり、形容詞っていうのはね、

名詞を飾る（説明する）言葉のことなんです。

名詞を飾ることを粋な言葉でいうと、名詞を**修飾する**ともいいます。

例えば、<ruby>大きい<rt></rt></ruby> large、<ruby>小さい<rt></rt></ruby> small、<ruby>幸せな<rt></rt></ruby> happy、<ruby>美しい<rt></rt></ruby> beautiful などが形容詞です。

ところで、名詞を飾る（説明する）ってどういうことでしょう？

例　large planet

この例を見ると、planet が名詞だっていうのはわかりますよね。

じゃあ、planet の前にある large はなんでしょう？

この large は、名詞の planet が「一体どんな planet なのか」、

ということを**説明**しているでしょ!?

一言で「planet」といっても、

large planet や small planet もあるし、

さらには blue planet なんてのもあります。

だから、ただ「planet」って言われても、どんな「planet」なのか、

種類が多すぎていまいちピンと来ないですよね。

そんなとき、「planet は planet でも、large planet だよ！」

というふうに、形容詞は名詞を説明して、

相手に具体的なイメージを伝える働きをするわけです。

large planet
説明

このように、**名詞の性質や状態を説明する言葉**のことを

「形容詞」というわけですね。

さ、ここまではいいですかな？

次が最後の品詞、**副詞**ですよ！

これが終わったら、いよいよ本格的な授業に入っていきますからね！

4 副詞

副詞は**名詞以外を飾る**（説明する）**言葉**のこと。

名詞以外っていうのは、**動詞・形容詞・**（他の）**副詞・文全体**などのことだけど、取りあえず「**名詞以外**」と覚えた方が簡単ですよね。

飾る（説明する）ってことの考え方は形容詞と同じ。

ただ、形容詞は名詞を飾りましたが、

副詞は**名詞以外**を飾るってところがポイントになりますからね。

例えば、**very**、**fast**、**often**、**always** などが副詞ですよ。

例　very beautiful mountain（とても美しい山）
　　　説明　　説明

この例を見てみると、mountain が名詞ですね。

で、beautiful はその mountain を飾っているから、形容詞。

そして、very は beautiful という**形容詞**を飾って、

「**とても→美しい→山**」となっていますよね。

ただ「美しい」のではなくて、「**とても**美しい」。

very は beautiful のどの程度 beautiful なのか、

その【程度】を説明しているわけです。

ということで、名詞以外（ここでは形容詞）を飾っているから、

very は副詞ってことになるんです。

副詞には、very のように【程度】を表すもの以外にも、

【頻度】、【場所】、【時】を表すものなど、様々な種類があります。

副詞の入る位置はいろいろあるのですが、

基本的な位置は右ページにあるとおり。☞

これが基本ですから、シッカリ押さえておきましょう。

さて、名詞・動詞・形容詞・副詞を簡単に説明しました。

英語の品詞には、この4つ以外にも、

代名詞（I・you・he・she など）、**冠詞**（a [an]・the）、

前置詞（to・for・in など）、**助動詞**（can・may・must など）、

接続詞（and・or・but など）、**間投詞**（oh・wow など）があります。

副詞の入る位置 (基本)

❶【頻度・程度】を表す副詞 ➡ be動詞・助動詞の後ろ／一般動詞の前

例 **Jim is** usually **busy.**【頻度】
▶ジムはたいてい忙しい。

例 **I** hardly **believe him.**【程度】
▶私は彼のことをほとんど信じない。

❷【場所・時】を表す副詞 ➡ 普通は文末 (ただし文頭に置くこともある)

例 **I played with George** in the park**.**【場所】
▶私は公園でジョージと遊んだ。

例 **I met Lucy** yesterday**.**【時】
▶私は昨日ルーシーに会った。

※場所・時の両方がある場合 →「場所＋時」の順番

例 **I lived** here ten years ago**.**
▶私は10年前ここに住んでいた。　　　※基本的に「時」は最後にいう！

❸ その他の副詞 ➡ 修飾する語 (名詞以外の語) の直前

例 **I have a** very **big dog.**
▶私はとても大きな犬を飼っている。

※動詞を修飾する場合 → 動詞 (＋目的語[補語]) の**直後**

例 **She speaks** slowly**.**
▶彼女はゆっくりと話す。　　※目的語[補語]がある場合 → 副詞はその**後ろ**

ただ、一番大事なのは「名詞・動詞・形容詞・副詞」の4つなんです。
なぜこの4つが大事かというと、
代名詞は**名詞**の代わりに使う語ですし、
前置詞は**形容詞**や**副詞**のカタマリを作ったり、
接続詞は**副詞**や**名詞**のカタマリを作ったりと、
**結局、すべて「名詞・動詞・形容詞・副詞」の4つに分けることができ
る**からなんです。(詳しいことはこの後の授業でやります！)

というわけで、ちゃんとこの4つの品詞が頭に入ったかどうか、
次のページの CHECK問題で確認してみましょう！

CHECK問題

第1講のまとめ

★**名　詞**…人やモノや事柄の名前を表す言葉
★**動　詞**…主語の動きや状態を表す言葉
★**形容詞**…名詞を飾る（説明する）言葉
★**副　詞**…名詞以外を飾る（説明する）言葉

問1　次の名詞が数えられる名詞なら①、数えられない名詞なら②と答えなさい。

- □**1**　freedom
- □**2**　paper

- □**3**　statue
- □**4**　water

- □**5**　rabbit

問2　次の英単語の品詞を、下の選択肢①〜④から選びなさい。
　　　① 名詞　　　② 動詞　　　③ 形容詞　　　④ 副詞

- □**6**　marry
- □**7**　careful

- □**8**　receive
- □**9**　peace

- □**10**　museum
- □**11**　politely

- □**12**　depend
- □**13**　finally

- □**14**　important
- □**15**　automobile

解答・解説

ここがポイント！

peace（平和）、advice（忠告）、information（情報） などのように、具体的な形がなく、抽象的な概念の名前を表す名詞を**抽象名詞**（ちゅうしょう）といいます。抽象名詞は具体的な形がないから数えることはできないですよね。もちろん「**物質名詞**」も数えることができません。

答1　正解＝②　★「自由」という抽象的な概念なので数えられない。

答2　正解＝②　★「紙」は小さくやぶっても名前が変わらない物質（物質名詞）なので数えられない。

答3　正解＝①　★「彫像（ちょうぞう）」は「1体、2体」と数えることができる。

答4　正解＝②　★「水」は少量でも大量でも名前が変わらない物質なので数えられない。

答5　正解＝①　★「ウサギ」は「1羽、2羽」と数えることができる。

答6　正解＝②　★「～と結婚（けっこん）する」という**行動**なので**動詞**。

答7　正解＝③　★「注意深い→人」のように**名詞を飾る**ので**形容詞**。

答8　正解＝②　★「～を受け取る」という**行動**なので**動詞**。

答9　正解＝①　★「平和」は抽象的な概念の**名前**なので**名詞**。

答10　正解＝①　★「博物館」はモノ（建物）の**名前**なので**名詞**。

答11　正解＝④　★「丁寧（ていねい）に→話す」のように**名詞以外を飾る**ので**副詞**。

答12　正解＝②　★「頼（たよ）る」という**行動**を表すので**動詞**。

答13　正解＝④　★「ついに→終わる」のように**名詞以外を飾る**ので**副詞**。

答14　正解＝③　★「重要な→書類」のように**名詞を飾る**ので**形容詞**。

答15　正解＝①　★「自動車」というモノの**名前**なので**名詞**。

動詞
～ be動詞と一般動詞の区別～

● 今回の KEY WORD ●
be動詞と一般動詞

動詞とは主語の動きや状態を表す言葉のことで、
大きく **be動詞**と**一般動詞**の２つに分けることができるんです。
まずは be動詞から行ってみましょう。

I be動詞

be動詞とは、**be、am、is、are、was、were、been** の７つのこと。
まずは例文1を見てみましょう！

例文 1

I am a high school student.
▶私は高校生です。

この文の動詞は？ …そう、am ですよね。
この am は be動詞で、「主語 I と後ろの名詞 a high school student が
イコールの関係ですよ」ってことを表すんです。

 I am **a high school student.**
→ I ＝ **a high school student.**
「私＝高校生」ということなので、
「私は高校生**です**」という感じの和訳になるわけですね。
このように、be動詞はイコールの関係を表して、
「**～です**」「**～である**」などと訳されるんです。
じゃ、次、例文2を見てみましょう！

例文 2

Kate and Emi are happy.
▶ケイトとエミは幸せです。

この文の動詞は？ …そう、be動詞の are ですよね。

だから、主語 Kate and Emi と後ろの形容詞 happy はイコールの関係！

つまり、「ケイトとエミ＝幸せ」を表すわけです。

はい、次。例文3を見てみましょう！

例文3

Her school is near the station.
～の近くに

▶彼女の学校は駅の近くにある。

この文の動詞は、be動詞の is ですよね。

…ということは、主語 Her school と後ろの語句 near the station は
イコールです……かな ???

…いや、今回は「学校（＝建物）」と「駅の近く（＝位置）」は

イコールじゃないですよね。

こういう場合の be動詞は、主語の存在を表すと考えましょう！

つまり、「（主語は）（～に）**ある**[**いる**]」という意味になります。

ちなみに、be動詞は主語や時制 (☞P.52) などによって

さまざまに形が変わる（活用する）というのがポイント！

これは超基本事項＝超重要事項なので、シッカリ頭に入れましょう！

● POINT ●

be動詞の活用

主語 ＼ 形	原形	現在形	過去形	過去分詞形
I		am	was	been
さんにんしょう 3人称・単数	be	is	was	been
you・複数		are	were	

※原形 (be)・過去分詞形 (been) はすべての主語に共通
※3人称…I・you・we 以外のすべての名詞・代名詞のこと（例：he・it・dog）

主語の「～人称」とか動詞の「～形」などは後でやるので、

今は be動詞はいくつかの形を使い分けることだけ覚えておきましょう。

では、be動詞が頭に入ったところで、一般動詞に行きますよ！

2　一般動詞

一般動詞というのは、jump、talk、watch、touch のような、
be動詞以外の動詞のことです。
例文4を見てみましょう！

> Tom wants a new car.
>
> ▶ トムは新しい車を欲しがっている。

この文の動詞は？
…そう、wants ですよね。
ということは、この文の主語は Tom で、
動詞は wants だとわかりますよね。
日本語に訳す場合は、最初に主語を「〜は」や「〜が」と訳し、
最後に動詞を訳すとうまく訳せることが多いですからね。▼

あと、ここではもう1つ気づいてほしいことがあるんですよね。
それは、おや!?　want という一般動詞の語尾に s が付いている！
ということなんですけど……気づいてました ???
これ、ミスプリではないんです！
実は、主語が3人称・単数で現在の話をしているとき、
一般動詞の語尾には s（＝通称「3単現の s」）が付くんです。

① 3人称とは、I・we・you 以外の名詞や代名詞全部のこと。
② 単数とは、1人とか1個のこと。数えられない名詞も単数扱い。
③ 現在とは、「今現在」のお話ってこと。

この①〜③すべての条件を満たす名詞や代名詞が主語になったときは、
一般動詞の語尾に s を付けるのが基本なんです。

考察 ▼ 英語では伝えたいことのメインを最初に言う！

日本語では「（S が）〜する[した]」という述語（V）の部分は最後に言うことが
多いですよね。でも、英語では「誰がどうした」という「S V」を最初にハッキリ
と言います。話のメインを最初にビシッと伝えて、それから細かいことを説明
する、という感じです。

例 　×A dog run.　　→ ○A dog runs.　（主語が3人称単数なので s が必要）

　　×Two dogs runs.　→ ○Two dogs run.　　　（主語が複数なので s は不要）

　　×You runs.　　　→ ○You run.　　　　（主語が3人称ではないので s は不要）

【一般動詞の過去形】

ところで、日本語で「過去の話」をするとき、どうしますか？

「高校生です → 高校生でした」とか、

「始める → 始めた」とか、

「欲しがっている→欲しがっていた」のように、

動詞の**語尾**の形を変えますよね。

実は、英語でも同じなんです。

過去の話をしたいときは、動詞の語尾の形を変えればいいんです。

例文5 を見てみましょう！

例文5

Tom wanted a new car.

▶トムは新しい車を欲しがっていた。

この文の動詞は、wanted ですね。

want（欲する）という一般動詞が、「want → wanted」のように、

-ed で終わる形に変わっています。

このように、一般動詞が -ed で終わっている形を過去形（かこけい）といい、

今よりも前（過去）の事柄を表すときに使うんですよ。

動詞の過去形の作り方にも一定のルールがあります。

前回やった「（名詞の）**複数形の作り方**」や

先程やった「**3単現の s の付け方**」も含めて、

次ページに見開きでバッチリまとめちゃいましたので、

曖昧（あいまい）な人はシッカリ覚えておきましょう！

もちろん、Ving（☞P.56,124,132）や比較級／最上級（☞P.199）の作り方は

まだやってないので、今は目を通すだけで OK です。

また後で、必要なときに見返してくださいね。

◆名詞・動詞・形容詞の変化まとめ

単語の「語尾」の形	【名詞】 複数形の作り方	【動詞】 3 単現の s の付け方	
1 基本（普通）	➡ **-s** を付ける イヌ　本　鉛筆 dog**s** book**s** pencil**s** 机　　考え desk**s** idea**s**	➡ **-s** を付ける 話す　欲する　跳ぶ talk**s** want**s** jump**s** 受け取る　　頼る receive**s** depend**s**	
2 -s/-o/-x/-sh/-ch ※「ソックス周知」などと覚えましょう。	➡ **-es** を付ける バス　　トマト　　箱 bus**es** tomato**es** box**es** 皿　　　教会 dish**es** church**es** 例外：piano**s** radio**s**	➡ **-es** を付ける 通過する　…する　混ぜる pass**es** do**es** mix**es** お願いする　見る wish**es** watch**es**	
3 子音字＋y ※子音字…b・c・d・f... など、母音字（＝a・i・u・e・o）以外のアルファベット文字（計21個）のこと。 ※「母音字＋y」の場合は基本どおり	➡ y を i に変えて 　 **-es** を付ける 赤ん坊 baby → bab**ies** コピー copy → cop**ies** 敵 enemy → enem**ies**	➡ y を i に変えて 　 **-es** を付ける 急ぐ hurry → hurr**ies** 勉強する study → stud**ies** 満足させる satisfy → satisf**ies**	
4 短母音字＋子音字 ※短母音字…短く「ア・イ・ウ・エ・オ」と発音する「a・i・u・e・o」のこと。	（基本と同じ） 計画　旅行　薬 plan**s** trip**s** drug**s** 予算　喜び budget**s** joy**s**	（基本と同じ） 遊ぶ　打つ　走る play**s** hit**s** run**s** 開く　落ちる open**s** drop**s**	
5 例外	-f(e) は v に変えて **-es** を付ける 葉 lea**f** → lea**ves** ナイフ kni**fe** → kni**ves** ※単数と複数が同じ名詞もある。	持っている have → has	
6 不規則変化 （一例）	男性 man → m**e**n 女性 woman → wom**e**n 足 foot → f**ee**t 子供 child → child**ren**	（特になし）	

	【動詞】 過去(分詞)形の作り方	【動詞】 Ving の作り方	【形容詞】 比較級／最上級の作り方
1	➡ -ed で終わる形に する 話す talk → talked 話し合う discuss → discussed くつろぐ relax → relaxed 押す push → pushed 到着する reach → reached 使う use → used ※ e で終わる動詞は d だけ付く	➡ 原形にそのまま -ing を付ける ~である be → being 見る look → looking 焦点を当てる focus → focusing ~する do → doing 修理する fix → fixing 終える finish → finishing 教える teach → teaching 泣く cry → crying 勉強する study → studying 答える reply → replying	➡ -er/-est で 終わる形にする 長い　〔比較級〕　〔最上級〕 long → longer / longest **【6字以上の場合】** 〔比較級〕➡ more + 原級 〔最上級〕➡ most + 原級 美しい beautiful (9字) → more beautiful 〔比較級〕 → most beautiful 〔最上級〕
2			
3	➡ y を i に変えて -ed を付ける 心配させる worry → worried 勉強する study → studied 満足させる satisfy → satisfied	※原形…単語の元の形 (辞書に 載っている基本の形)	➡ y を i に変えて -er/-est を付ける 簡単な　〔比較級〕　〔最上級〕 easy → easier / easiest 醜い ugly → uglier / ugliest ごく小さい tiny → tinier / tiniest
4	➡ 子音字を重ねて -ed を付ける 合う fit → fitted 請う beg → begged 止める stop → stopped	➡ 子音字を重ねて -ing を付ける 切る cut → cutting 置く put → putting 始める begin → beginning	➡ 子音字を重ねて -er/-est を付ける 太った　〔比較級〕　〔最上級〕 fat → fatter / fattest 大きい big → bigger / biggest 濡れた wet → wetter / wettest
5	(特になし)	-e は e を消して、 -ie は ie を y に変えて、 -ing を付ける 作る make → making 死ぬ die → dying	強い　　　〔比較級〕 strong → stronger 　　　　　〔最上級〕 → strongest ※6字でも -er/-est を付ける例
6	➡ 暗記するしかない！ ☞P.27 ※よく使う基本動詞ほど不規則変 化である場合が多い！	(特になし)	良い　　　　　〔比較級〕〔最上級〕 good [well] → better / best 悪い bad [ill] → worse / worst 多い many [much] → more / most 小さい little → less / least

はい、３単現の s の付け方と
動詞の過去形の作り方、ザックリとわかったでしょうか？
後でやる動詞の「過去分詞形」の作り方も「過去形」と同じなので、
ここで押さえておくと楽になりますよ。

前ページの一覧表をよく見てみると、
単語の**語尾**の形に応じて、どれも一定の変化をしますよね。

2「-s／-o／-x／-sh／-ch」の場合は、-s ではなく -es を付ける！
3「子音字＋y」の場合は、y を i に変える！
4「短母音字＋子音字」の場合は、子音字を重ねる！

この３つの共通点を押さえておくと、バラバラに覚えるよりも
はるかに効率的にマスターできますからね！

ちなみに、「〈動詞〉**過去（分詞）形**の作り方」の一番下の行に注目！
実は、一部の動詞の過去形［過去分詞形］って、
規則どおりに -ed で終わる形にしないものもあるんです。
例えば「go - went - gone」のように、
　　　（現在形）（過去形）（過去分詞形）
過去形［過去分詞形］がなんの規則もなく変化します。
こういう変化を「不規則変化」といい、
不規則変化をする動詞を「不規則動詞」と呼んでます。
この不規則動詞の覚え方ってわかりますか？
…そう！　なんと、なんの規則もないので、
「暗記」するしかないのです!!!
右ページに、初学者がいちばんはじめに覚えてほしい
超頻出の「不規則動詞50選」を掲載しました。
この一覧は何度も音読して覚えましょうね！ ☞

ただ、もちろん、**今ここで全部を覚えなくても大丈夫**です。
今後、英文を読んだり書いたり話したりする中で、
少しずつ慣れていけばいいですからね。
ということで、次、否定文と疑問文に行きましょう！

いちばんはじめの**不規則動詞50選**

↓原形-過去形-過去分詞形　　↓意味

1 begin - began - begun　始める
[bigín]　[bigǽn]　[bigʌ́n]

2 break - broke - broken　壊す
[bréik]　[bróuk]　[bróukən]

3 bring - brought - brought　持ってくる
[bríŋ]　[brɔ́ːt]　[brɔ́ːt]

4 build - built - built　建てる
[bíld]　[bílt]　[bílt]

5 buy - bought - bought　買う
[bái]　[bɔ́ːt]　[bɔ́ːt]

6 catch - caught - caught　捕える
[kǽtʃ]　[kɔ́ːt]　[kɔ́ːt]

7 come - came - come　来る
[kʌ́m]　[kéim]　[kʌ́m]

8 draw - drew - drawn　（線で）描く
[drɔ́ː]　[drúː]　[drɔ́ːn]

9 eat - ate - eaten　食べる
[íːt]　[éit]　[íːtn]

10 fall - fell - fallen　落ちる
[fɔ́ːl]　[fél]　[fɔ́ːlən]

11 feel - felt - felt　感じる
[fíːl]　[félt]　[félt]

12 find - found - found　見つける
[fáind]　[fáund]　[fáund]

13 forget - forgot - forgot(ten)　忘れる
[fərɡét]　[fərɡát]　[fərɡát(n)]

14 get - got - got(ten)　得る
[ɡét]　[ɡát]　[ɡát(n)]

15 give - gave - given　与える
[ɡív]　[ɡéiv]　[ɡívən]

16 go - went - gone　行く
[ɡóu]　[wént]　[ɡɔ́ːn]

17 hear - heard - heard　聞く
[híər]　[hɔ́ːrd]　[hɔ́ːrd]

18 hold - held - held　持っている
[hóuld]　[héld]　[héld]

19 keep - kept - kept　保つ
[kíːp]　[képt]　[képt]

20 know - knew - known　知っている
[nóu]　[njúː]　[nóun]

21 lay - laid - laid　横たえる
[léi]　[léid]　[léid]

22 leave - left - left　去る
[líːv]　[léft]　[léft]

23 lend - lent - lent　貸す
[lénd]　[lént]　[lént]

24 lie - lay - lain　横たわる
[lái]　[léi]　[léin]

25 lose - lost - lost　失う
[lúːz]　[lɔ́ːst]　[lɔ́ːst]

26 make - made - made　作る
[méik]　[méid]　[méid]

27 meet - met - met　会う
[míːt]　[mét]　[mét]

28 pay - paid - paid　支払う
[péi]　[péid]　[péid]

29 put - put - put　置く
[pút]　[pút]　[pút]

30 read - read - read　読む
[ríːd]　[réd]　[réd]

31 rise - rose - risen　昇る
[ráiz]　[róuz]　[rízn]

32 run - ran - run　走る
[rʌ́n]　[rǽn]　[rʌ́n]

33 say - said - said　言う
[séi]　[séd]　[séd]

34 see - saw - seen　見る
[síː]　[sɔ́ː]　[síːn]

35 sell - sold - sold　売る
[sél]　[sóuld]　[sóuld]

36 send - sent - sent　送る
[sénd]　[sént]　[sént]

37 sing - sang - sung　歌う
[síŋ]　[sǽŋ]　[sʌ́ŋ]

38 sit - sat - sat　座る
[sít]　[sǽt]　[sǽt]

39 sleep - slept - slept　眠る
[slíːp]　[slépt]　[slépt]

40 speak - spoke - spoken　話す
[spíːk]　[spóuk]　[spóukən]

41 spend - spent - spent　過ごす
[spénd]　[spént]　[spént]

42 stand - stood - stood　立つ
[stǽnd]　[stúd]　[stúd]

43 steal - stole - stolen　盗む
[stíːl]　[stóul]　[stóulən]

44 swim - swam - swum　泳ぐ
[swím]　[swǽm]　[swʌ́m]

45 take - took - taken　手に取る
[téik]　[túk]　[téikən]

46 teach - taught - taught　教える
[tíːtʃ]　[tɔ́ːt]　[tɔ́ːt]

47 tell - told - told　話す
[tél]　[tóuld]　[tóuld]

48 think - thought - thought　思う
[θíŋk]　[θɔ́ːt]　[θɔ́ːt]

49 understand - understood - understood　理解する
[ʌ̀ndərstǽnd]　[ʌ̀ndərstúd]　[ʌ̀ndərstúd]

50 write - wrote - written　書く
[ráit]　[róut]　[rítn]

※基本的に、過去形と過去分詞形は同じですが、異なる場合は過去分詞形を青文字にしてあります。

3 be動詞を含む文の否定文

さて、実は、今までやってきたのは「〜です」「〜する」のような
肯定・断言の意味を持つ**肯定文**という文だったんです。
今回は、「〜ではない」「〜しない」のような
打ち消しの意味を持つ**否定文**と、
「〜ですか？」「〜しますか？」などのような
問いかけの意味を持つ**疑問文**をマスターしましょう。
今回も be動詞・一般動詞を区別して考えることが大事です。
be動詞の文と一般動詞の文とでは、
否定文・疑問文の作り方が違うんです。
だから、否定文や疑問文を作るときは、
まず最初にその文が「be動詞の文」なのか「一般動詞の文」なのかを
シッカリ区別しなきゃいけないんですよね。

文の中に be動詞（am、is、are、was、were）があり、その文を
「〜ではない［なかった］」といった意味の否定文にしたいときは、
その be動詞の直後に not を置けばいいんです。

例　am not、is not、are not、was not、were not

これらは短縮して、isn't、aren't、wasn't、weren't
という形にすることもできますからね。
ただ、「I am not」の短縮形は、「I amn't」ではなく「I'm not」です。
not ではなく、I am の方が I'm と略されるんですね。
「amn't」は**発音しづらい**ため、普通は使われないようです。

では、例文6を見てみましょう！

例文 6

She is not his daughter.

▶彼女は彼の娘ではない。

この文は、is の後ろに not が置いてあるので、

「～ではない」という否定文になっていますね。

このように、be動詞の直後に not を付ければ否定文の完成ですよ。

ちなみに、主語が「I」だったら、

「I am not his daughter.」になるし、

もし主語が「They」だったら、

「They are not[aren't] his daughters.」になりますよね。

be動詞は主語に合わせて使い分けが必要ですからね。

じゃ、次は be動詞の疑問文をやってみましょうか。

4 be動詞を含む文の疑問文

be動詞を含む文を「～ですか?」「(～に) ありますか?」という意味の
疑問文にしたいときには、be動詞を主語の前 (文頭) に持っていき、
文の終わりに「? (クエスチョンマーク)」を付ければ完成!
簡単でしょ? 例文7 を見てみましょう!

例文 7

Are they junior high school students?

▶彼らは中学生ですか?

—— Yes, they are. / —— No, they aren't.

▶——はい、そうです。/ ——いいえ、違います。

最初の文は they という主語の前に Are (be動詞) があって、

文の最後に「?」が付いているので、

「～ですか?」という意味の疑問文だとわかりますよね。

この文には are という be動詞が入っているので、

are を主語の前に出し、文の最後に「?」を付けて疑問文にしたんです。

元の文:They are junior high school students.

疑問文:Are they junior high school students?

そしてムチャクチャ注意したいところは、疑問文に対しての答え方!
英語は**聞かれたもので答える**のが基本!

今回は be動詞で聞かれているので、be動詞を使って答えるのが原則！
だから、「Are they junior high school students?」と聞かれて、
「はい、中学生です。」なら「Yes, they are.」、
「いいえ、中学生ではありません。」なら「No, they aren't.」
と答えればいいですからね。

5 一般動詞の否定文

次は、「～しない（～しなかった）」という意味の、
「一般動詞の**否定文**」に行ってみましょう！
一般動詞の否定文の作り方は超簡単！

> ❶一般動詞の直前に do not [does not / did not] を置く！
> ❷一般動詞を原形（$V_原$）にする！▼

これで完成。
これも縮めて don't [doesn't / didn't] と言うこともできますよ。
be動詞の否定文とシッカリ区別していきましょう！

● POINT ●

否定文の作り方

☐ **be動詞の否定文**　　：S is .....　　→ S is not .....
☐ **一般動詞の否定文**：S V .....　　→ S do not $V_原$ .....

じゃ、例文を見てみましょう！

例文 8

My parents do not[don't] live in New York.

　▶私の両親はニューヨークに住んでいません。

補足 ▼**一般動詞の原形 = $V_原$**

原形というのは、語尾に s も ed も付いていない動詞の形（つまり辞書に載っている、時間を伝えない形）のことです。この本では一般動詞の原形を「$V_原$」という記号で表しています。ちなみに be動詞の原形は「**be**」ですよ。

この文は、live という一般動詞の前に do not[don't] があるので、
「〜しない」という意味の否定文ですよね。
今回は主語が複数名詞なので don't を使っていますが、
主語が3人称・単数・現在のときは doesn't を使いますからね。
あと、「過去」の否定文を作るときには、didn't を使いますよ。

例　My parents didn't live in New York ten years ago.
▶私の両親は10年前ニューヨークに住んでいなかった。

一般動詞は原形（-s や -ed などは付かない）になることにも注意です！

6 一般動詞の疑問文

一般動詞の文を「〜しますか？（〜しましたか？）」という意味の疑問文
にしたいときは、次のように文を作り変えましょう。

❶**主語の前に do[does / did]を付ける！** ▼（文頭の d は大文字の D にする）
❷**一般動詞を原形（V原）にする！**
❸**文の最後に「?」を付ける！**

これだけで完成！　例文で見てみましょうか。

例文 9

Does your school start at 8:30?
▶あなたの学校は8時半に始まりますか？

―― Yes, it does. / ―― No, it doesn't.
▶――はい、始まります。/――いいえ、始まりません。

この文は your school という主語の前に Does があって、
文の最後に「?」が付いているので、

参考 ▼ この do は「助動詞」
can や must などは、動詞と一緒に登場して文に意味を添える「助動詞」ですよね。この do も実は助動詞で、動詞と一緒に登場して「疑問文や否定文を作る」という働きをするわけです。これら助動詞の後の動詞は必ず原形になります。
助動詞は第5講（☞P.66）でミッチリやりますからね！

「～しますか？」という疑問文ですよね。

> 元の文：Your school starts at 8:30.
> 疑問文：Does your school start at 8:30?

この文は主語が 3 人称・単数で、現在の話をしているので、
Do ではなく、Does を使っていますね。
3 人称・単数・現在なら does を使い、それ以外の現在は do を使い、
過去のお話には did を使うというポイントも忘れちゃダメですよ！

それから、答え方にも注意すること！
英語は**聞かれたもので答える**というルールがあるから、
do、does、did で聞かれたら、
同じ do、does、did で答えなくちゃですね！
あと、答えるときは your school を「Yes, it does.」のように
it という**代名詞**に置き換えるのを忘れないように！▼

7　疑問文と肯定文と否定文

さあ、今まで「…文」「…文」といろいろな文が
ブンブンとうるさく出てきましたが、ちゃんと整理できましたか？
…う～ん、イマイチって感じですかな!?（ギャグ的にも）
というわけで、ここでキッチリと整理しちゃいましょう！

まず、文の種類には「**普通の文**」と「**疑問文**」があると覚えてください。
普通の文というのは、要は第 1 講からずっとやってきたような、疑問で
も命令でもなく、**単に情報を伝えるための文**のこと。
つまり、主語（**S**）＋動詞（**V**）の語順で、普通にピリオド（.）で終わる文
のことですよ。

補足 ▼ **代名詞は名詞の代わり！**

代名詞というのは、その名のとおり「名詞の代わりをする言葉」のこと。it（それ）
とか、he（彼）・that（あれ）などが代名詞ですよね。例文 9 では、「your school」
を 2 回もくり返すのはクドイので、代わりに it という代名詞が使われています。

例　Mike played with Bob yesterday.
　　They are junior high school students.
　　Your school doesn't start at 8:30.

上の例は全部、普通の文ですね。

疑問文というのはさっきやったからわかりますよね。

でね、ここポイント！　この**普通の文**と**疑問文**の両方に、

「**肯定文**」の形と「**否定文**」の形が**ある**わけなんですよ、奥さま。

疑問文にも「否定文」の形があるってとこに気をつけてくださいね。

例　Doesn't your school start at 8:30?
　　▶あなたの学校は8時半に始まら**ない**のですか？

つまり、整理すると下の表みたいに区別できるんです。

この講の復習もかねて、ちょっと見てみてください！

文の種類		肯定文	否定文
普通の文	be動詞	He is a teacher. (彼は先生です。)	He is not a teacher. (彼は先生ではない。)
	一般動詞	He studies English. (彼は英語を勉強する。)	He does not study English. (彼は英語を勉強しない。)
疑問文	be動詞	Is he a teacher? (彼は先生ですか？)	Isn't he a teacher? (彼は先生ではないのですか？)
	一般動詞	Does he study English? (彼は英語を勉強しますか？)	Doesn't he study English? (彼は英語を勉強しないのですか？)

いいですかな⁉　文の種類には、普通の文・疑問文の他に、

「命令文」や「感嘆文」などもあるわけですけど、

それは第8講 (☞P.96) でピシッとやりますからね。

それでは、ちゃんと理解できたか、チェックしてみましょう！

第2講
CHECK問題

★ **be動詞**…①be動詞の左側と右側（の語句）は**イコールの関係**
　　　　　②**主語の存在**を表す（〔〜に〕**ある**〔**いる**〕）
★ **一般動詞**… be動詞**以外**の動詞のこと。be動詞と区別しましょう！
　　　　※3単現の s と過去形（-ed）にも注意！

問　空所に最も適する語の番号を選びなさい。

☐ **1**　I (　　　) very hungry now. I want something to eat.
　　① am　　　② is　　　③ are　　　④ was　　　⑤ were

☐ **2**　My brother (　　　) us an old album last week.
　　① show　　② shows　　③ showed　　④ is　　　⑤ was

☐ **3**　Does her brother cook well?
　　—— Yes, he (　　　).
　　① is　　　　② was　　　③ does　　　④ did

☐ **4**　(　　　) you busy last night?
　　① Did　　　② Do　　　③ Were　　　④ Are

☐ **5**　I (　　　) a science teacher now.
　　① don't　　② didn't　　③ am not　　④ wasn't　　⑤ amn't

☐ **6**　(　　　) this bus go to Tokyo?
　　① Do　　　② Does　　　③ Am　　　④ Is　　　⑤ Are

解答・解説

ここがポイント！

★「now」や「everyday」は今を表すから、文の動詞は現在形。

★「last 〜」や「〜 ago」は過去を表すから、文の動詞は過去形。

★疑問文は、be動詞で聞かれたら be動詞で答える。do、does、did で
聞かれたら do、does、did で答える。

答1 正解＝① （訳：私は今、非常に空腹です。何か食べるものが欲しい。）
★ I が主語なので①か④が入る。そして、文の最後にある now で「**今**」
の話だとわかるから、現在形の①が正解。

答2 正解＝③ （訳：私の兄は先週、私たちに古いアルバムを見せた。）
★ last week で「**過去**」の話だとわかるから、答えは③か⑤。「私の兄＝
私たち」ではないので、⑤（be動詞）ではない。③が正解。

答3 正解＝③ （訳：彼女の兄は料理が上手ですか？ ——はい、上手です。）
★ does で聞かれているので、does を使って答える。Yes の後ろの主
語が he（3人称・単数）なので、間違いなく正解は③。

答4 正解＝③ （訳：あなたは昨夜忙しかったのですか？）
★問題文には動詞がないので、be動詞の疑問文と考えられる。また、
文の最後に last night があるので過去の文とわかる。よって正解は③。
be＋busy（忙しい）のようにセットで覚えておきましょう。

答5 正解＝③ （訳：私は今、理科の先生ではありません。）
★問題文には動詞がないので空所には③、④、⑤のどれかが入る。文
末に now があるので現在の文。よって正解は③。⑤の amn't という
形は使わないのが基本！「I am not」の短縮形は「I'm not」。

答6 正解＝② （訳：このバスは東京に行きますか？）
★問題文には go という一般動詞があるので、①か②のどちらかが入
る。主語は this bus という3人称・単数の名詞なので正解は②。

基本5文型
～英語の並び方～

● 今回の KEY WORD ●

S（主語）　V（動詞）　O（目的語）　C（補語）

まずはじめに、超重要なお知らせがございます。
なんと、英語では**語順**というものがガッチリ決められているんです！
日本語の語順って、結構自由ですよね。
でも英語は、日本語と違って、書いたり話したりするときに、
決められた順番で言葉を並べないと通じない言語なんですよ。
その順番には基本的に5つのパターンがあって、
それを「**基本5文型**」というんです。

I 英語の「超基本語順」

ということで、基本5文型の講義を始めていくわけですが、
初級者が実際に「使う」レベルを考えると、
いきなり5つを使い分けるのはちょっと多いかもしれません。
そんなわけで、まずは次の「超基本語順」を押さえましょう！

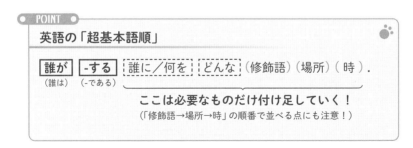

● POINT ●

英語の「超基本語順」

| 誰が | -する | 誰に／何を | どんな |（修飾語）（場所）（時）．
|（誰は）|（-である）|

ここは必要なものだけ付け足していく！
（「修飾語→場所→時」の順番で並べる点にも注意！）

英語では、まず最初に 誰が -する のかをハッキリと言うんです！
つまり、「主語（S）＋動詞（V）」を先に言うわけですね。
その後、誰が -する だけじゃ伝えきれない場合に、

誰に／何を、どんな^{（どのような）}とか、
（修飾語）、（場所）^{（どこで）}、（ 時 ）^{（いつ）}といった情報（説明）を、
必要なものだけ順番通りに付け足していくという感じなんですよ。
例えば、「**彼女は 手紙を 書いた。**」と言いたいときは、
次のように単語を並べていくんです。

① 彼女は 書いた　　←最初に 誰が -する を言う！
　 She　 wrote

　↓「何を」を付け足す　　　　　　　　※「誰に」か「何を」のどちらか一方を使う！

② 彼女は 書いた 手紙を
　 She　 wrote　a letter .

こんな感じで、語順どおりに単語を並べればいいんですね！
じゃあ今度は、ちょっと文を長くしてみましょう。
「**昨日 この部屋で 彼女は 彼に 手紙を ペンで 書いた。**」
と言いたいときは、どのように語句を並べればよいでしょう？

① 彼女は 書いた　　←最初に 誰が -する を言う！
　 She　 wrote

　↓「誰に」を付け足す

② 彼女は 書いた 彼に
　 She　 wrote　him

　↓「何を」を付け足す　　　　　　　※「誰に」が先で、「何を」が後に来ることに注意！

③ 彼女は 書いた 彼に 手紙を
　 She　 wrote　him　a letter

　↓「ペンで」という（修飾語）を付け足す　　　※（修飾語）＝主に副詞（のカタマリ）

④ 彼女は 書いた 彼に 手紙を （ペンで）
　 She　 wrote　him　a letter　with a pen

　↓「この部屋で」という（場所）を付け足す

⑤ 彼女は 書いた 彼に 手紙を （ペンで）（この部屋で）
　 She　 wrote　him　a letter　with a pen　in this room

　↓「昨日」という（ 時 ）を付け足す

⑥ 彼女は 書いた 彼に 手紙を （ペンで）（この部屋で）（昨日）
　 She　 wrote　him　a letter　with a pen　in this room　yesterday.

このように、「超基本語順」どおりに単語を並べれば、

長い文でも意味の通じる英語が出来上がっちゃいますよね！

誰に／何を というのは、

「誰に」か「何を」の**どちらか一方**が入るという意味なのですが、

両方を使う場合は 誰に 何を の順番で並べなきゃいけません。

英文の後ろの方は「（修飾語）→（場所）→（ 時 ）」の順番で

必要な情報だけを並べる点にも注意ですよ。

あと、何を の後に、どんな が来る場合もあります。

例えば、「**先週、彼女は　その犬を　ジョンと　名づけた。**」

という場合を考えてみましょう。

「ジョンと」が どんな にあたる情報ですよ。

① 彼女は 名づけた　　←最初に 誰が -する を言う！
　　She　　named

　　↓「何を（誰を）」を付け足す

② 彼女は 名づけた その犬を
　　She　　named　　the dog

　　↓「どんな」を付け足す

③ 彼女は 名づけた その犬を ジョンと
　　She　　named　　the dog　john

　　↓「先週」という（ 時 ）を付け足す　　　※（修飾語）や（場所）はないので飛ばす

④ 彼女は 名づけた その犬を ジョンと （先週）
　　She　　named　　the dog　john　last week .

このような感じです。簡単ですよね！

ちなみに、-する の代わりに -である を使うときもあります。

例 ジョンは -である 犬
　　john　　is　　a dog .

　　彼女は -であった 教師 （10年前）
　　She　　was　　a teacher　ten years ago .

この -である の部分には be動詞が来るんですけど、

この場合、後ろには どんな（どのような） という要素を置いて、

誰が どんな なのかを表すのが基本なんですよ。

さっきの例では、 犬 や 教師 が どんな にあたる部分です。

（ 誰に／何を は必要ないので入れない）

はい、最初からちょっと長々と説明してしまいましたが、

とにかく、英語は語順がガッチリ決められているので、まずは

誰が -する（-である） 誰に／何を どんな （修飾語）（場所）（ 時 ）.

という「超基本語順」を押さえておきましょう。

英語では、 誰が -する（-である） のか、

つまり「主語（S）＋動詞（V）」を最初に言います。

その後ろの語順として、

基本的に5つのパターン（基本5文型）があるわけです。

【基本5文型（日本語版）】

❶ 誰が -する 　　　　　　　　　　　（修飾語）（場所）（ 時 ）.

❷ 誰が -する（-である） 　　　　　　どんな （修飾語）（場所）（ 時 ）.

❸ 誰が -する 誰に／何を 　　　　　（修飾語）（場所）（ 時 ）.

❹ 誰が -する 誰に 何を 　　　　　（修飾語）（場所）（ 時 ）.

❺ 誰が -する 誰に／何を どんな （修飾語）（場所）（ 時 ）.

まずはこれをじっくり見てください。

この語順を押さえておけば、

「基本5文型」はすぐ理解できますからね！

ところで、この5つの型というのは、

なんと、なななんと、**動詞によって決まる**んです‼

例えば、run は、そのままだと「**走る**」という意味ですが、
直後に a hotel（ホテル）のような名詞が来ると「**〜を経営する**」になります。

例　He runs. 　　　（彼は**走る**。）　　　　　　　　　　　〈第 1 文型〉

　　He runs a hotel. （彼はホテル**を経営する**。）　　　　　　〈第 3 文型〉

要するに、「**動詞が何か／動詞の後に何が来るか**」によって、
文型や動詞の意味が決まるんですよ！
だからこそ、動詞をシッカリ押さえることは超重要なんですね。
・・・ ということなので、
・・・ つ、ついに来ましたか ・・・、
自動詞（じどうし）と**他動詞**（たどうし）の話をするときが !!!!!

2 自動詞

動詞は、**be動詞**と**一般動詞**の 2 つに分けることができますよね。
で、今までずっと内緒（ないしょ）にしてきたのですが…
実は、一般動詞は自動詞と他動詞に分けることができるんです！
自動詞っていうのは何かというと、
「主語が自分だけでできる動作」
だと考えておくと最初はわかりやすいでしょう。
例文1 を見てみましょう！

例文1

Tom walks.

▶トムは歩く。

この文では、**walks** が動詞ですよね。
で、この **walks** は主語の **Tom** だけいればできる動作ですよね。
後ろに何もなくても、意味はわかります。
このように、主語だけでその動作ができる動詞を自動詞というんです。
自動詞の直後に、名詞（目的語）を直接置くことはできません。

3 他動詞

他動詞っていうのは何かというと、

「**主語以外に、他の人やモノなどが必要になってくる動詞**」のことです。

例文2を見てみましょう！

I love Mike.

▶私はマイクを愛している。

この文では、**love** が動詞なわけですが、

もし、**I love.**（私は愛している。）で終わったら、どう思いますか？

好きな人から「**I love.**」と言われたら、どう思いますか!?

そう、「え？ **誰を**愛しているの!?」って気になりますよね!?

文の意味が中途半端で不完全、つまり文が成り立たないわけです。

この **love** のように、動詞の後ろに「〜に」や「〜を」にあたる名詞（＝

目的語）がないと文が成り立たない動詞を**他動詞**っていうんです。

目的語というのは「動詞の動作が及ぶ対象」のことで、

名詞だけが目的語になれるんです。

例文2でも、**love** の後ろに「〜を」にあたる **Mike** という名詞がいるこ

とによって、「私は**マイクを**愛している。」のように、

ちゃんと意味のわかる完全な文になるわけですね。

他動詞は直後に名詞（目的語）を置かなければいけません。

そうでないと、「え？ 何に[誰を]!?」ってなっちゃいますからね。

いいですかな？

では、自動詞と他動詞の違いがわかったところで、

いよいよ基本5文型に突入しましょう！

4 　第1文型：S＋V自

例文 3

Birds fly.

▶鳥は飛ぶ。

この文は、Birds という**主語**と、
fly という**自動詞**で文が成り立っていますよね。
このように文の要素が S と V だけの文を**第 1 文型**といいます。

※be動詞は「存在（〔～に〕いる〔ある〕）の意味の場合のみ

第 1 文型
SV

「S になれるのは**名詞**だけ。V になれるのは**動詞**だけ。」
というルールを呪文のように何度も唱えて、絶対覚えておきましょう！
ちなみに、V の後ろに副詞や「前置詞＋名詞」などが来る場合も多いの
ですが、これらは単なる修飾語（M）。
修飾語は省略可能（省略しても意味は通じる）だから、
修飾語があってもなくても文型は第 1 文型（SV）なので注意しましょう。

例　Birds fly fast.　　　　　　　→第 1 文型（SV）の文
　　Jim is in the park.　　　　　→第 1 文型（SV）の文

5 　第2文型：S＋V自＋C

例文 4

My sister became a painter.

▶私の姉は画家になった。

注意　SVOC が一目でわかるように色分けしました！

S …水色は**主語**。主語になれるのは**名詞**（代名詞）だけ。
V …桃色は**動詞**。be動詞と**一般動詞**（自動詞・他動詞）がある。
O …黄色は**目的語**。目的語になれるのは**名詞**だけ。
C …緑色は**補語**。補語になれるのは**名詞**と**形容詞**だけ。

このように、動詞の後ろに主語と**イコール関係**の名詞や形容詞（=**補語**）
を補って完成させた文を**第2文型**といいます。

補語とは、主語や目的語の意味を**補う語**（追加説明の語）のことで、
Complement（補語；補完物）の頭文字「**C**」で表されます。

この第2文型の場合、必ず **S = C** という関係になるのがポイント！

例文4の **My sister（S）**と **a painter（C）**は同一人物ですよね。

第2文型を作る動詞は、**be動詞**か**自動詞**。▼

これらの動詞がある文は、**S = C** という関係になるんです。

「**C** になれるのは**名詞**と**形容詞**だけ。」

というルールを何度もつぶやいて、絶対に覚えておきましょう！

ちなみに、動詞の後ろに**形容詞**があったら必ず第2文型 **SVC** ですよ。

6 第3文型：S+V他+O

例文5

My aunt bought a magazine.

▶私のおばは雑誌を買った。

「My aunt bought.」で文が終わっちゃったら、

「**何を**買ったんだよ!?」ってツッコミを入れたくなっちゃいますよね。

つまり bought（buy の過去形）は他動詞なので、

後ろに名詞（**目的語=O**）が来ないとダメ。

そこで、他動詞の後ろに a magazine のような「**〜を**」にあたる**名詞**（目

補足　▼**第2文型をとる自動詞の例**

become（〜になる）／ look・seem（〜に見える）／ feel（〜と感じる）／ keep
（〜のままでいる）などが第2文型をとる自動詞の代表格。これらの動詞は、
「**S = C**」を作る自動詞だから、be動詞と置き換えても文が成り立ちます。

例　◯ My sister became a painter. ⇔ ◯ My sister was a painter.

的語）を持ってきて完成させた文を**第 3 文型**といいます。

そして、第 2 文型 **SVC** との決定的な違いは、

S の My aunt と O の a magazine が

同一人物ではないというところにあります！

SVC は S ＝ C だけど、**SVO** は S ＝ O ではないですからね‼

あと、第 2 文型の V は自動詞［be動詞］ですが、

この第 3 文型の V は他動詞っていうところも違いますよね！

```
S ──一般動詞 他── 名詞 ─〈 M 〉  第3文型
                                  SVO
```

「**O** になれるのは名詞だけ。」

というルールは繰り返し叫んで絶対に頭にたたきこんでおくこと！

7 　第 4 文型：S ＋ V他 ＋ O₁ ＋ O₂

例文 6

My uncle gave me a watch.

▶おじは私に腕時計をくれた。

第 4 文型とは、**主語以外にも名詞が 2 つ出てくる文**のことです！

例文 6 でも、主語の My uncle 以外に、

me と a watch という名詞が 2 つ出てきていますよね。

例えば「My uncle gave.」のように、

他動詞で終わっちゃうと文が完成しないので、

動詞の後ろに**名詞**（**目的語 O**）を 2 つ、

「〜に」「〜を」の順番で持ってきたわけですね。

「**S** は **V** する、**O₁** に **O₂** を」のような語順になるんです。

参考 ▌ **第 4 文型をとる動詞は限られている！**

第 4 文型をとる動詞は多くありません。まずはこれを覚えましょう！

- [ ] give（〜に〜を与える）　　[ ] show（〜に〜を見せる）
- [ ] pay（〜に〜を支払う）　　 [ ] teach（〜に〜を教える）
- [ ] tell　（〜に〜を言う）　　 [ ] buy　（〜に〜を買ってあげる）

「S＋V＋〜に＋〜を」の順番で覚えておきましょう。

「S V にを！」「S V にを！」と何度も唱えていれば覚えられますからね！

動詞の後ろに名詞が2つ並んでたら、「第4文型か？」と疑いましょう。

| S | ——一般動詞 他—— | 名詞 | — | 名詞 | 第4文型 SVOO |

---

8 第5文型：S＋V他＋O＋C

例文7

She made me sad.

▶彼女は私を悲しませた。

この文は、動詞の後ろに me sad と2つの単語が並んでますね。

sad（悲しい）は形容詞だから、第4文型 SVOO ではないっぽい。

一瞬（いっしゅん）「なんだこりゃ？」って思っちゃいますよね。

でも、じっくり見てみてください。

この sad は、直前にある me の状態を説明してるでしょ。

me の状態が sad だと説明している（me ＝ sad）。

つまり、O ＝ C の関係が成り立っているんです。

こういう SVOC（O ＝ C）という文の型を**第5文型**というわけです。

訳し方のイメージとしては、

「S は、"O ＝ C"という状態を V する」という感じです。▼

例文7は、「彼女は"**私＝悲しい**"という状態にした」的な意味ですよね。

例 **My grandfather named me Jodie.**

▶祖父は私をジョディと名づけた。

これも「me ＝ Jodie」だから、第5文型ですね。

注意 ▼第5文型をとる動詞は要注意！

☐ make O C：O を C にする
☐ name O C：O を C と名づける
☐ keep O C：O を C（の状態）に保つ
☐ leave O C：O を C（の状態）のままにする［放っておく］

また、第 5 文型では、O の後ろに C として名詞が来ることもあります。
そんなとき第 4 文型 S V O₁ O₂ と間違えてしまう人が多いんですが、
第 4 文型の O₁ と O₂ にはイコール関係が成立しませんよね（$O_1 \neq O_2$）。
そこが第 5 文型（O = C）との違いですから、シッカリ区別しましょう。

$$
S \quad \text{——一般動詞 他——} \quad 名詞 \quad — \quad \begin{array}{l} 名詞 \\ 形容詞 \ etc \end{array} \quad \begin{array}{l} 第 5 文型 \\ \mathbf{SVOC} \\ (O=C) \end{array}
$$

どうです？　だいたいわかりました？
細かいところは CHECK問題で身につけてほしいんですが、
その前にあと 3 つやっておきたいんですよね。
それは、**冠詞**さんと**前置詞**くん、そして**代名詞**ちゃんのお話。

9　冠詞

冠詞っていうのは a[an] と the の 2 つのことで、
こいつらは「後ろに名詞が出てくるぞ！」っていう合図なんです。
そして、**名詞のカタマリを作る**という超重要な働きもしてるんですよ。

例　**Billy asked me a silly question.**
　　▶ビリーは私にバカな質問をした。

この文は第何文型かわかりますかな？
そう、「SVOO」の第 4 文型ですよね。
この a silly question が O のカタマリになっていることからもわかるように、「a[an] と the は、後ろに出てくる名詞までを**名詞のカタマリ**として使うぞ！」という合図だってことを忘れないでほしいんです。

　　　[a[an] ..... 名詞]　　→ 名詞のカタマリ
　　　[the ..... 名詞]　　　→ 名詞のカタマリ

参考 | **冠詞の代わりに入る語**

名詞の前には、冠詞に代わって、my ～・your ～・his ～ といった代名詞の所有格や、this ～・that ～ などの指示語、two ～・three ～・many ～・much ～・some ～・any ～ などの形容詞が付くこともあります。これらも［名詞のカタマリ］を作ると考えましょう。

10 前置詞

to、for、in、on、of などのことを前置詞っていうんですよね。
前置詞とは、名詞の前に置く詞という意味で、
これらも「後ろに名詞が出てくるぞ」という合図だと考えてください。
そして、前置詞は「後ろに出てくる名詞までを**副詞のカタマリ**や**形容詞のカタマリ**として使う」ということも覚えておきましょう。

> 「**前置詞 ..... 名詞**」＝ **副詞**[**形容詞**]のカタマリ

例　**The sun rises in the east.**

　　▶太陽は東から昇る。

この文の文型は何？ …そう、実はこの文は第1文型 (**SV**) なんですよね。
前置詞の in は、後ろの名詞 east までの**副詞のカタマリ**を作っています。
副詞は修飾語だから、文型には関係ないですからね。
また、「前置詞 ..... 名詞」は**形容詞のカタマリ**にもなるんですよ。

例　**The house on the hill is mine.**

　　▶丘の上の家は私のものです。

この on the hill というカタマリは、直前の名詞を修飾していますね。
名詞を修飾しているから、形容詞の働きをしていることになります。
でも、しょせんは修飾語だから、文型には直接関係ないんです。
このように、「前置詞 ..... 名詞」は、文の要素 (**S/V/O/C**) にはなれない
単なる修飾語だから、文型には直接関係ないと考えましょう。
つまり、**省略しちゃっても、文の意味は伝わる**んです。
基本的に前置詞は修飾語のカタマリを作るので、前置詞を見たら、
「後ろに出てくる名詞までが1つのカタマリになるぞ！ でも文型には直接関係ないぞ！」という鋭い予測を立てましょう！

参考 ▼**SVOC と品詞の対応表**

名詞(代名詞)は**SOC**になれる。動詞は**V**だけ。形容詞は**C**だけ。副詞は「文の主要素」にはなれない (ただの修飾語)。

↓文の主要素	名詞	動詞	形容詞	副詞
S (主語)	◎	×	×	×
V (動詞)	×	◎	×	×
O (目的語)	◎	×	×	×
C (補語)	◎	×	◎	×

Ⅱ 代名詞

では最後に、**代名詞**のことをちゃんとやっておきましょうか！

代名詞とは、文字どおり「**名詞の代わりをする言葉**」のことです。

名詞の繰り返しを避けたり、

人や物事を簡単に表したいときなどに使われるんですね。

１人称（＝ I・we）、２人称（＝ you）、

３人称（＝ I・we・you 以外の人や物）

を表す代名詞のことを、まとめて「**人称代名詞**」といいます。

下の表を見てください。

人称代名詞は、**主格・所有格・目的格**の３つに分かれていますね。

「**格**」というのは、代名詞（名詞）に与えられた、

「**文中での位置（役割）**」のことだと考えてください。

「**主格**」というのは、**主語**の位置（役割）で使うときの形。

日本語では「**〜は／〜が**」にあたる部分です。

「**所有格**」というのは、「**my bag**」「**your bag**」のように、

名詞の前に付いて「**誰の名詞**」なのかを明確に伝えるときの形。

【代名詞の種類】

■＝１人称　■＝２人称　■＝３人称

数 \ 人称 \ 種類	人称代名詞 主格（〜は[が]）	所有格（〜の）	目的格（〜に[を]）	所有代名詞（〜のもの）	再帰代名詞（〜自身）
単数 ■ 私	I	my	me	mine	myself
単数 ■ あなた	you	your	you	yours	yourself
単数 ■ 彼	he	his	him	his	himself
単数 ■ 彼女	she	her	her	hers	herself
単数 ■ それ	it	its	it	なし	itself
複数 ■ 私たち	we	our	us	ours	ourselves
複数 ■ あなたたち	you	your	you	yours	yourselves
複数 ■ 彼ら[彼女ら] それら	they	their	them	theirs	themselves

「目的格」というのは、動詞や前置詞の後ろに置くとき、
つまり**目的語**の位置（役割）で使う形です。
日本語では「〜を／〜に」にあたる部分ですよね。

例　He **gave** me your **book.**

▶彼は私にあなたの本をくれた。

人称代名詞は文中での位置（役割）に置くかに応じて、
形を変えなければいけないわけですね。

一方、「所有代名詞」というのは、mine や yours のように、
　　　　　　　　　　　　　　　　　私のもの　あなたのもの
1語で「〜のもの」を表すことができる代名詞です。

例　This book is yours, not mine.

▶この本はあなたのもので、私のものではありません。）

最後に、「再帰代名詞」というのは、
人称代名詞の所有格（3人称の場合は目的格）に
-self（複数の場合は -selves）を付けて、
1語で「〜自身」といった意味を表すことができる代名詞です。

例　I can do it by myself.

▶自分（自身）でできるよ。

Please **help** yourself to the sweets.

▶お菓子をご自由にお取りください。

2つ目の例のように「〜自身」と和訳しない場合もありますよ。

さて、今まで曖昧だった代名詞の種類とその機能が、
だいたいわかってきましたね！
「I - my - me - mine 〜 myself ♪」
「you - your - you - yours 〜 yourself ♪」のように、
リズム良く何度も何度も音読して、覚えてしまいましょうね！
はい、それでは知識を定着させるため、CHECK問題に行きましょう！

第3講

CHECK問題

第3講のまとめ

★第１文型：S V自
★第２文型：S V自 C
★第３文型：S V他 O
★第４文型：S V他 O O
★第５文型：S V他 O C

問　次の英文の文型を①〜⑤の中から１つ選びなさい。

①第１文型　②第２文型　③第３文型　④第４文型　⑤第５文型

☐ ① Willy wrote a long letter to his parents.

☐ ② The news made her angry.

☐ ③ Sam taught me the recipe.

☐ ④ My daughter lives in New York.

☐ ⑤ My grandmother looks young.

ここがポイント！

★ a[an] やthe が出たら、その後ろにある名詞までを名詞のカタマリと考えましょう！

★前置詞が出たら、その後ろにある名詞までを修飾語のカタマリと考え、文型には関係ないと考えましょう！

答1 正解＝③　Willy wrote a long letter to his parents.
（訳：ウィリーは彼の両親に長い手紙を書いた。）
★動詞 wrote の後ろに a long letter という名詞のカタマリが来ている。to his parents は to という前置詞が作った副詞（修飾語）のカタマリなので文型には関係ない。よって第3文型。

答2 正解＝⑤　The news made her angry.
（訳：その知らせは彼女を怒らせた。）
★ made は「make O C」という第5文型で使われ、「O を C にする」という意味になる。her ＝ angry というイコール関係が成立している。

答3 正解＝④　Sam taught me the recipe.
（訳：サムは私に調理法を教えてくれた。）
★動詞 taught の後ろに名詞が2つある第4文型（me ≠ the recipe）。訳すときは「S V＋〜に＋〜を」を意識すること。

答4 正解＝①　My daughter lives in New York.
（訳：私の娘はニューヨークに住んでいる。）
★ in New York は in という前置詞が作る副詞（修飾語）のカタマリなので文型には関係ない。普通、一般動詞や be動詞のすぐ後ろに「前置詞＋名詞」がきたら第1文型と思ってよい。

答5 正解＝②　My grandmother looks young.
（訳：私の祖母は若く見える。）
★ My grandmother ＝ young というイコール関係が成り立つ補語 C を、動詞 looks の後ろに置いている。look が「…に見える」の意味のときは be動詞と置き換えても文が成り立つ。

時制

～過去・現在・未来・進行形・現在完了～

● 今回の KEY WORD ●

-ed Ving V$_{pp}$ will have[has]

英語は、動詞の形を変えることによって、
「**現在**」「**過去**」「**未来**」のいつの話なのかをハッキリ伝える言葉なんです。
例えば、**He is happy.**（彼は幸せです。）は「現在」のお話だけど、
is を過去形 **was** に変えて、「**He was happy.**」とすると、
「彼は幸せだった。」という「過去」のお話になります。
このように、「**動詞の形を変えることで、時間を伝える**」という文法を
「**時制**」というわけなんですね。

Ⅰ 現在形

動詞の現在形は**今**の話をするときに使うって思われがちですが、
実は、現在形は「今だけ」の話じゃないんです。

上図のように、現在形は、**現在を中心として、過去から未来へとまた
がっている事柄**を話したいときに使う、と考えましょう。
つまり、急激な変化が起こらない事実を伝えているって感じかな。
では、そう考えつつ、例文1 を見てみましょう！

例文1

My sister is a university student.

▶私の妹は大学生です。

これは is という be動詞の現在形を使っているけど、なぜでしょう？
それは、「私の妹が大学生」なのは、
大学に入学したとき（過去）から卒業する（未来）までですよね。
過去から未来へまたがるイメージなので、**現在形**になるわけです。
例文2を見てみましょう！

I take a walk every morning.

▶私は毎朝散歩します。

おお！ これも **take** という現在形を使っているぞ!?
「毎朝散歩する」ということは、1週間前も昨日（過去）も散歩して、
明日も1週間後（未来）も散歩するかもしれないってことですよね。
過去から未来へとまたがっている話をしているので**現在形**でナットク!!!
他にも、I have a pen.（私はペンを所有している。）や
You love me.（君は私を愛してくれている。）なども、
「現在を中心として、過去から未来へまたがっていること」ですよね？
だから動詞の形は現在形なんです。

2 過去形

過去の出来事を表すときは、動詞を**過去形**にするんですよね。(☞P.23)
例文3を見てみましょう。

例文3

Emi played softball yesterday.

▶エミは昨日ソフトボールをした。

動詞の語尾が -ed なので、過去の話だっていうのがわかりますね。
動詞を過去形にしてあげるだけで、「**その出来事は今現在よりも前（過去）に起こったことなんですよ**」ってことを伝えられるんです。
ちなみに、過去の話のときは、
yesterday（昨日）、last night（昨夜）、〜 years ago（〜年前）など、
過去を表す言葉が文に入っていることがあるので、

第
4
講

時
制

それらが出たら「あ、これは過去の話だ！」とわかりますよね。

ところで、この -ed の発音って、英語が得意だっていう人でも、
意外とめちゃくちゃな場合が多いんですよ。
ここでシッカリ覚えておいちゃいましょう！
まず、基本的に -ed は [-d] と発音すると覚えてください。
ただし、$V_原$ の終わりの音が [p/ʧ/f/k/ʃ/s] の場合、
-ed は [-t] と発音します。
$V_原$ の終わりの音が [d/t] の場合、-ed は [-id] と発音します。

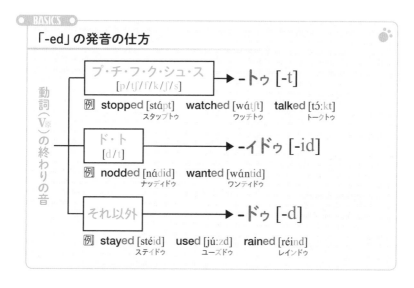

「-ed」の発音の仕方

この覚え方としては、次の呪文を **10** 回唱えてみてください。

「プチフクシュースット [t] 、ドットイ〜ドゥ [id]」

（意味：少し[プチ]復習すると、ドッといい〔ことがある〕どぉ。）

→ それ以外（基本）は [-d]

参考 ■ **-s[-es] の発音**

名詞の複数形や「3単現の s」で語尾に付く -s[-es] の発音は以下のとおりです。
① [p/f/k/θ/t] の後　→ ス [-s] と発音　　例 books →ブックス [búks]
② [s/z/ʃ/ʒ/ʧ/dʒ] の後　→ イズ [-iz] と発音　例 buses →バスィズ [bʌsiz]
③ それ以外（基本）　→ ズ [-z]」と発音　　例 apples →アップルズ [ǽplz]

はい、10回唱えれば、嫌<ruby>嫌<rt>いや</rt></ruby>でも覚えちゃいますよね！
特に、$V_原$ の終わりの音が [p/ʧ/f/k/ʃ/s]（プ チ フ ク シュ ス）の動詞に要注意ですよ！

3 未来

未来のことを表す場合は、動詞の語尾を変えるのではなく、
動詞の前に助動詞 will もしくは be going to を付ければいいんです！

　　　will[be going to] ＋動詞の原形（$V_原$）

この形をガッチリと押さえておきましょう！
動詞は常に<ruby>原形<rt>げんけい</rt></ruby>（-s も -ed も付かない）である点にも要注意ですよ！
では、例文4を見てみましょう。

例文4

> I will visit Europe this summer.
>
> = I am going to visit Europe this summer.
>
> ▶私はこの夏ヨーロッパへ行く予定だ。

この文は will visit という形をしているから、間違いなく未来のお話！
だから、「これから…するぞ」という**意志**や、
「これから…する予定だ」なんていう未来の**予定**なんかを表します。

will と be going to の違いですが、
be going to $V_原$ は「V の方に向かっている真っ最中ですよ」という感じ
で、より確実に起こると思える未来を表す<ruby>雰囲気<rt>ふん い き</rt></ruby>があります。
will $V_原$ は、その場の思いつきや不確実な未来を予測する場合などにも
使われます。
初学者は気にしなくていい程度の違いですけどね。

4 進行形

「〜の真っ最中です！」ということを表す場合、
動詞の形を「be＋Ving」にします。
この動詞の形を「**進行形**」というわけです。
この be は be動詞のことで、当然、時制によって形が変わります。

現在進行形＝ is[am/are]＋Ving 　：（今）**V** しているところだ
過去進行形＝ was[were]＋Ving 　：（そのとき）**V** しているところだった
未来進行形＝ will be＋Ving 　：（そのときは）**V** しているだろう

be動詞を時制に合わせて使い分けるだけで、
Ving は変わらないから簡単ですよね。
Ving（＝「ing 形」ともいう）は、動詞の語尾を -ing にした形のこと。
この作り方にもルールがあるので、押さえておきましょう。（☞ P.25）
いつの話をしているのかで使い分けるようにしてくださいね！
じゃ、例文5 を見てみましょう！

例文 5

Jim and Jane are playing tennis now.

▶ジムとジェーンは今テニスをしています。

動詞が **are playing** という形をしているので、現在進行形ですね。
さて、ここで現在形と現在進行形の違いを話しましょう！

　　Jim and Jane play tennis. 　←現在形

この文の **V** は現在形なので、過去から未来へまたがっている動作、
つまり**習慣的にテニスをしている**感じですよね。
一方、進行形は下図のように「行われている最中」の動作を表します。

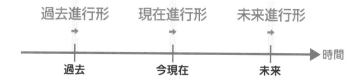

この図を見るとわかるとおり、現在形の図と比べると、
時の領域（＝黄色部分の幅）がめちゃくちゃ狭いですよね！
つまり、極端に言うと、進行形を使うときっていうのは、
「1秒前や1秒後は不明だけど、今この瞬間はやってますよ。」
という話をするときだと考えましょう。

だから、「動作」を表す動詞は進行形にできるけど、
「状態」を表す動詞は進行形にはしないのが基本なんですね。
例えば、「私は東京に住んでいます。」という内容を英文にするとき、
「I live in Tokyo.」と現在形で書けば、
過去から未来へまたがって住んでいる完璧な文になりますよね。
でも、「I am living in Tokyo.」にしてしまうと、
過去や未来にはまたがらないので、
伝えたいイメージとズレちゃいますよね。
他にも、have や know などは「状態」なので、
普通は進行形にはしないですからね。▼

　　　× I am having a pen.　　　　　　（私はペンを所持している最中です。）
　　　× I am knowing that man.　　　　（私はあの男を知っている最中です。）

これらの動詞を進行形にすると、変な意味になっちゃいますよね。
ただ口語では、伝えたい内容によっては進行形にすることもあります。
例えば、love は「状態」を表す動詞ですが、あえて進行形にして、

　　　○ I am loving it. （それ、大好き！[今、それに夢中なのよ]）

のように、一時的な状態である感じを出すことができるんです。
おお！ なんだか時制を使いこなしている感じも出てきましたね！
では、この調子のまま、「現在完了」へ突入しましょう！

参考　▼基本的に進行形にはしない動詞

think（考える）	like（好む）	hope（望む）
hear（聞こえる）	see（見える）	believe（信じる）
have（持っている）	belong to（属している）	
resemble（似ている）	depend on（頼りにしている）	

5 現在完了

時制の 1 つに「現在完了」というのがありましてね、
動詞の形を「have[has] + V$_{pp}$」にすれば表現できるんですよね。
主語が 3 人称単数のときは「has + V$_{pp}$」にしますよ。▼
では、そもそも現在完了形って現在形と何がどう違うんでしょう？
下の絵の**現在完了形の領域**をよ～～～く見てください！

・・・ あらま！ 領域が**過去から現在**になっているじゃないの！
違う！ ただの現在形とは伝わるイメージがぜ～～～んぜん違う!!!
現在形は過去から現在を飛びこえて、未来にまでまたがっていたけど、
現在完了はそれと違って、**過去からやっていることが現在どういう状態なのか**ということを表せるわけですね。
時間の領域が「過去から現在まで」ということは、
あえて日本語にすれば、次の 3 つの訳になります。

● **POINT** ●

現在完了の 3 つの意味

① 《継続》：（ずっと）V している
　→過去から今までずっと V している

② 《経験》：（今までに）V したことがある
　→過去から今までに V したことがある

③ 《完了・結果》：（ちょうど）V したところだ／（すでに）V してしまった
　→過去に始まった V が（ちょうど）終わった（すでに完了している）

補足 **▼ 完了形で使う have は助動詞！**

have[has/had] は、動詞として使う場合の他に、**助動詞として動詞にくっついて"完了形を作る"**という働きもします。助動詞の後ろの動詞は必ず原形 (V$_{原}$) になりますが、この助動詞 have だけは例外で、動詞は過去分詞形 (V$_{pp}$) になります。

日本語にすると、３つの全然違う意味になっちゃうけど、

時間の領域は全部同じ「過去から現在まで」というのがポイントですよ。

さあ、あなたはこの３つの意味を、

例文で１つずつ見ていきたいタイプですか？

じゃあ、《継続》の例文から順番に見ていきましょう！

動詞の形がわかりやすいよう、**V** にだけ桃色をつけますよ。

例文6

~以来
Bob has been busy since last Monday.

▶ ボブはこの前の月曜日以来ずっと忙しい。《継続》

動詞が **has been** という形をしているので、現在完了ですよね。

よく見ると、**last Monday**（この前の月曜日）じゃなくて、

~以来
since last Monday（この前の月曜日以来）になっています。

ということは、**先週の月曜日（過去）から忙しくなり始めて、**

今も忙しいってことになりますよね。

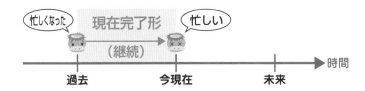

だから、例文6は《継続》の意味になるんですね。▼

次、例文7を見てみましょう！

例文7

以前に
I have talked with Mike before.

▶ 私は以前マイクと話したことがあります。《経験》

これも、動詞が **have talked** という形をしているので、現在完了ですね。

しかし、今度は **since** ではなく、**before** としか書いてない。

補足 ▼ **この単語があったら《継続》の意味です！**

☐ **since ～**（～以来）：《継続》で使われ、「～」には過去のある時点を指す言葉が入るんです。

☐ **for ～**（～の間）：《継続》で使われ、「～」には時間の長さを表す言葉が入るんです。例：**for three years**（３年間）

…ということは、「(〜以来) ずっと」という継続の意味ではない。
実は、完了形 (過去から今の範囲(はんい)) で before とくれば、
「以前 V したことがある」という《経験》の意味になるんです！

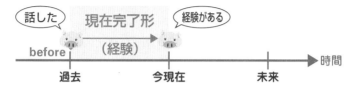

過去の経験が「今も残っている」というわけですね。
じゃ、最後、例文8 を見てみましょう！

例文 8

James has already(すでに) finished his homework.

▶ジェームズはすでに宿題を終えてしまった。《完了》

動詞が現在完了形なのは OK!?
今回は already に注目しましょう。
「すでに」ときたら、「すでに V してしまった」の《完了》でしょ！
だから、例文8 はちゃんと完了の意味で訳してありますよね。
already(すでに)、just(ちょうど) などの副詞は、have と V_{pp} の間に入れて、
「have already V_{pp}」「have just V_{pp}」
という語順になるところがポイントなので要チェックですよ！▼

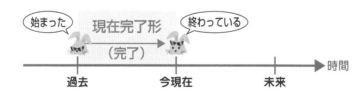

さて、これで、現在完了の３つの意味をマスターしました！
仕上げに、否定文と疑問文の形もマスターしましょう！

補足 ▼ 頻度や程度を表す副詞は一般動詞の前！

普通の副詞は動詞 (＋目的語) の後ろや文末に置かれることが多いのですが、頻度 (always・already・usually・often) や程度 (just・almost・perfectly) を表す副詞は一般動詞の前 (be動詞・助動詞の後ろ) に置かれることが多いです。

6 現在完了の否定文

現在完了の否定文は、have[has] の後ろに not を入れて、
「have[has] not＋V_{pp}」という形にするだけで完成！
お手軽ですね！
さらに、短縮形は「haven't[hasn't]＋V_{pp}」にすれば OK です！

（肯定文）　His brother has been busy since last Monday.
　↓
（否定文）　His brother has not been busy since last Monday.
　　　　　　▶彼の兄は、この前の月曜日からずっと忙しくない。

ちなみに、現在完了の意味が《**経験**》のとき、
not の代わりに never を使うと
「一度も ..... ない」という意味になります。

（肯定文）　I have talked with Mike before.
　↓
（否定文）　I have never talked with Mike.
　　　　　　▶私は一度もマイクと話したことが**ない**。

もう１つ注意してほしいのは、
肯定文で already を使っている文を否定文にするときは、
already を「not ... yet」に変えるというところ！

（肯定文）　My son has already finished his homework.
　　　　　　▶息子はすでに宿題を終えた。

　↓

（否定文）　My son has not finished his homework yet.
　　　　　　▶息子はまだ宿題を終えていない。

現在完了の否定文の文末に yet を置くと、
「まだ ..... ない」という意味になるんですね。

7 現在完了の疑問文

現在完了の疑問文を作るときは、
「have[has] + V_pp」の have[has] を文頭に持っていって、
文の最後に「?」を付けて、
「Have[Has] + S + V_pp ..... ?」という形にすれば完成！

（肯定文）　His brother has been busy since last Monday.
　　↓
（疑問文）　Has his brother been busy since last Monday?
　　　　　▶彼の兄はこの前の月曜日からずっと忙しいのですか？

そして、問題は疑問文に対する答え方ですよね。
聞かれたら答える。これが会話の基本です！
そこで思い出してほしいのが、第3講でやった英語の基本ルール！
「英語は**聞かれたもので答える**」でしょ!!!
Have[Has] で聞かれているわけだから、have[has] を使って、

　　── Yes, he has. / ── No, he hasn't.
　　　▶──はい、忙しいです。/ ──いいえ、忙しくありません。

…と答えればいいわけですね！
聞かれたものを使って答えればいいなんて、すごく楽ですよね。

あと、**経験**をたずねる疑問文のときは、ever（今までに）という副詞を使って、

　　Have[Has] + S + ever + V_pp ..... ?
　　　▶今までに V したことがありますか？

という形をとることが多いので、これも覚えておくと役に立ちますよ。

例　**Have you ever talked with Mike?**
　　　▶あなたは今までに、マイクと話したことがありますか？

はい、じゃあ、現在完了の疑問文で注意したい最後のポイント！
私なんて学生の頃、親から「もう宿題したの ???」なんて

1日10回くらい言われてましたが、（実話）
「もう（すでに）..... しましたか？」と聞きたいときありますよね!?
そんなときは、現在完了の**疑問文**の文末に yet を置けばいいんです。

例　**Have you finished your homework yet?**
　　　▶もう宿題を終えましたか？

肯定文では「もう（すでに）」の部分は already を使ってたけど、
疑問文では yet を使うというのがシブイですよね！
この yet は、さっきの否定文でも出てきましたが、
疑問文にある場合は「もう（すでに）」という意味で、
否定文にある場合は「まだ（〜ない）」という意味になりますからね。

例　**I haven't finished my homework yet.**
　　　▶まだ宿題は終わっていない。

基本的に、already・just^{ちょうど}・never などの
現在完了でよく使われる副詞は have と V_{pp} の間に置かれるんですが、
yet は文末に付けるのが基本なので、これは覚えておきましょう！

さあ、これで時制については一通り終了です！
現在・過去・未来・進行形・現在完了、
それぞれの形や時の領域はバッチリ頭に入りましたか？
では CHECK問題で確認してみましょう！

第 4 講

CHECK問題

第4講のまとめ

★**現在形**　：今を中心として、過去から未来へまたがったお話
★**過去形**　：今よりも前（過去）のお話
★**未　来**　：未来のお話
★**進行形**　：「今この瞬間はやっています（1秒後は不明）」的なお話
★**現在完了形**：S + have[has] + V_{pp}.

問　空所に最も適する語句の番号を選びなさい。

☐ **1** I (　　　　) busy this afternoon.

　① will　　　　② am　　　　③ am going　　　④ will be

☐ **2** Margaret (　　　　) a cake then.

　① made　　　② was making　③ making　　　④ is made

☐ **3** Davis (　　　　) some Japanese stamps.

　① is having　② has　　　　③ having　　　④ have

☐ **4** He (　　　　) to Okinawa twice.

　① have been　② has been　③ have gone　④ has gone

☐ **5** Robert (　　　　) mathematics hard last night.

　① studied　　② will study　③ studies　　④ had studied

ここがポイント！

① **now** や **then** や **at that time** のような、進行形と一緒に使うことが多い言葉を見落とすな！

② **yesterday** や **last night** のような、過去を表す言葉を見落とすな！

③ **tomorrow** のような、未来を表す言葉を見落とすな！

答1 正解＝④ （訳：私は今日の午後は忙しいだろう。）

★「this afternoon」があるので、「今日の午後は V するだろう」（未来）と、「今日の午後 V した」（過去）の 2 通りが考えられる。選択肢に過去形（was）はないので④が正解。また、「busy（忙しい）」は形容詞なので動詞のない①はダメ。

答2 正解＝② （訳：マーガレットはそのとき、ケーキを作っていました。）

★「then」があるので、「**そのとき** V しているだろう」（未来）と、「**そのとき** V していた」（過去）の 2 通りが考えられるが、未来を表す選択肢はない。また、「そのとき」という、その瞬間の動作なので、過去形ではなく過去進行形の②が正解。

答3 正解＝② （訳：デイビスは日本の切手を持っています。）

★「切手を持っている」ということは、今この瞬間の話ではなく、手に入れたとき（過去）から、手放すとき（未来）まで持っているわけだから、現在形の②が正解。

答4 正解＝② （訳：彼は 2 回沖縄に行ったことがある。）

★「have been to ～」は、「～へ行ったことがある」《経験》と「～へ行ってきたところだ」《完了》の 2 通りの意味を持つ重要表現。今回は主語が 3 人称単数（He）で「twice（2 回）」があるので、《経験》を表すものとして②を入れるのが正解。「have gone to ～」は「～へ行ってしまった（ので今は不在です）」《完了》の意味を持つ重要表現。

答5 正解＝① （訳：ロバートは昨夜一生懸命に数学を勉強しました。）

★「last night」という過去の表現が入っているので、過去形を選べばいい。①が正解。

助動詞
～助動詞＆助動詞が入った文の形～

● 今回の KEY WORD ●

will・can・may・should・must

この講では、地味だけど重要な働きを持つ「助動詞」に
スポットライトを当てていきます！
助動詞の役割はわかりますか？
動詞を助けるって書くけど、どう助けるの？
実は助動詞は、**動詞の前にくっついて、**
文の形を変えたり、文に意味を付け加える働きをするんです。
文の形を変える助動詞というのは、
否定文・疑問文で使う do・does・did なんかが代表的ですね。

この講では、**文に意味を付け加える**タイプの助動詞である
will・can・may・should・must などをやっていきます。
これらは動詞の前にくっついて、
「**V するだろう、V できる、V してもよい**」など、
文に意味を付け加える働きをするんですよ。
動詞を助けて、動詞が単独では表せない意味を加えてあげるわけです。
will はすでにやりましたよね。
実は、時制に出てきた will も、
文に「未来」の意味を付け加える助動詞なんですよ。
はい！ それでは、講義に入りましょうか！
まずは**助動詞の肯定文・否定文・疑問文**の作り方を覚えてもらって、
その後でいろいろな助動詞を見てもらいましょう！

参考 ┃ **助動詞を使った文と使わない文はこんな違いもある！**
☐ 助動詞を使った文…頭の中で考えている内容［思考の世界］
　　例 I will study English. ←英語を勉強しようと思っているだけ
☐ 助動詞を使わない文…現在形や過去形は現在や過去の現実
　　例 I studied English. ←実際に英語の勉強をした

I 助動詞の肯定文・否定文・疑問文

助動詞の否定文・疑問文の作り方は、

なんとなんと、助動詞 do (☞P.30) と同じなんです！

否定文のときは助動詞の直後に not が付きますし、

疑問文のときは助動詞は文頭に置かれて、文末に ? が付きます。

● POINT ●

助動詞の文の形

☐ **肯定文：S ＋ 助動詞 ＋ V原**

　　　　※助動詞は動詞の前に置く！ そして**必ず動詞は原形！**

☐ **否定文：S ＋ 助動詞 ＋ not ＋ V原**

　　　　※助動詞の後ろに not を置く！

☐ **疑問文：助動詞 ＋ S ＋ V原 .....?**

　　　　※助動詞を文頭に出し、最後に「?」を付ける！

この「文に意味を付け加える助動詞」が入ったとき、

動詞は必ず原形（V原）になるという点は大事ですからね。

では、助動詞の文の形を例文で確認していきましょう！

例文 1

Sofia can speak Chinese.

▶ソフィアは中国語を話すことができます。

例文 1 は、**Sofia can speaks** ではなく、

助動詞＋**V原**という重要ルールを守って

Sofia can speak（←動詞が原形）になっている点に注目！

そして、助動詞は**文に意味を付け加える**という

重要な働きをしているのを忘れちゃダメですよ！

今回は、**can** が「**能力・可能（…できる）**」の意味を文に付け加えて、

「**speak＋できる**」という意味を表しているんですね。

はい、ここまではいいですかな？

じゃ、今度は助動詞の否定文の形を見てみましょう！

例文 2

Peter couldn't sleep very well last night.

▶ピーターは昨夜よく眠ることができませんでした。

例文 2 は「S＋助動詞＋not＋V原」の形をとった否定文ですよね。
助動詞の入った文を否定文の形にするときは、
基本的に助動詞の後ろに not を入れてあげれば完成。
この例文では、could not の短縮形の couldn't を使って、
「〜することができなかった」という意味を文に付け加えているんです。

じゃ最後、疑問文の例文を見てみましょう！

例文 3

Can George go with me?

▶ジョージは私と一緒に行くことができますか？

——Yes, he can./ —— No, he cannot[can't].

▶——はい、できます。/ ——いいえ、できません。

例文 3 は「助動詞＋S＋V原 .....?」という疑問文の形をしていますね。
一般的に、助動詞の入った疑問文は、助動詞を文頭に持っていき、
最後に「?」を付ければ出来上がり！
答え方も「英語は聞かれたもので答える」
という基本ルールを守ってくださいね！

さあ、これで助動詞が入った文の形はマスターできましたよね！
次はどんな助動詞がどんな意味を持っているのか、
例文を見ながらサクサクシッカリと確認していきましょう！

2 いろいろな助動詞

can → could（過去形）
❶ V することができる　　《能力・可能》= be able to
❷ V する可能性がある　　《可能性》
❸ V してもよい　　　　　《許可》

この can は頻繁に使われる助動詞なので押さえておきましょう！
ちなみに、can が❶《能力・可能》の意味のときは、
be able to とも書き換えられますよ。

例　Sofia can [is able to] speak Chinese.
　　　▶ソフィアは中国語を話すことができます。《能力・可能》

　　It cannot be true.
　　　▶それは本当のはずがない (本当である可能性はない)。《可能性》

　　Can I use your pen?
　　　▶ペンを借りてもいい？《許可》

can にはこのような意味があるんです。
さあ、次は may ですよ！

may → might（過去形）
❶ V してもよい　　　　《許可》
❷ V するかもしれない　《推量》※ might はこの《推量》を表す

may の基本の意味は「半分半分＝確率50％」って感じ。
❶の「V してもよい《許可》」は、
「V してもいいし、しなくてもいいよ」という感じ。

考察 ▼ 助動詞の過去形は丁寧で弱い !?

can の過去形 could も、may の過去形 might も、**過去形だけど現在の文でも使われます**。そして、can や may より could や might の方が「丁寧」で「弱い（＝強く断言しない）」意味を持つのです。助動詞はたいてい、過去形の方が丁寧で弱いと考えてくださいね。

❷の「**V** するかもしれない《推量》」も、

「**V** するかもしれないし、しないかもしれない」という雰囲気です。

例　You may go home now.

　　▶もう家に帰ってもよい（し、帰らなくてもよい）。《許可》

例　Tony may[might] be sick.

　　▶トニーは病気かもしれない（し、病気じゃないかもしれない）。《推量》

might は may の過去形で、推量を表しますからね。

この might や could は過去形だけど、現在の文でも使うんですね。▼

---

must →過去形はなし→過去の話のときは had to を使う

❶ **V** しなければならない《義務》= have[has] to

❷ **V** するに違いない　　《推量》

❸ **V** してはいけない　　《禁止》← must not[mustn't] **V**原

この must は非常に強い意味を持った助動詞です。

must が《義務》のときは have[has] to とも書き換えられますよ。

例　You must[have to] take off your shoes.

　　▶あなたは靴を脱がなければならない。《義務》

　　Jack must be tired.

　　▶ジャックは疲れているに違いない。《推量》

must が《禁止》（**V** してはいけない）の意味になるのは、

must not **V**原 という形のときだけだから注意してくださいね。

例　You must not[mustn't] enter the laboratory.

　　▶その実験室に入ってはいけない。《禁止》

ちなみに、must の「**V** しなければならない《義務》」を否定して

注意 ▌▼助動詞の書き換えに注意！

will = be going to、can《可能》= be able to、must《義務》= have[has] to
のように、助動詞（の特定の意味）は別の表現に書き換えることができます。
※ must《義務》の否定形 ≒ don't have to **V**原
　　　　　　　　　　　= don't need to **V**原 = need not **V**原

「Vしなくてよい」と言いたいときは、

must not ではなく don't have to［don't need to］を使います。

例　You don't have［need］to enter the laboratory.
　　▶その実験室に入らなくてよい。

should
❶ V すべきである　《義務・必要》
❷ V するはずだ　　《推量・当然》

should は、must よりも弱い意味を持つ助動詞です。

例　Nancy should know more about Japan.
　　▶ナンシーは日本についてもっと知るべきである。《義務・必要》

　　He should be in Paris soon.
　　▶彼はまもなくパリにいる［着く］はずだ。《推量・当然》

さあ、これで基本的な助動詞とその意味をマスターしました！
仕上げに、助動詞を使った重要表現を一気にやっちゃいましょう！

shall を用いた重要表現
☑ Shall I V原 .....?　　：（私が）V しましょうか？《相手に申し出る》
☑ Shall we V原 .....?　　：（一緒に）V しませんか？《相手を誘う》

例　Shall I open the door?
　　▶（私が）ドアを開けましょうか？《相手に申し出る》

　　Shall we go to the party?
　　▶（一緒に）パーティーに行きませんか？《相手を誘う》

参考　would を用いたその他の重要表現
☐ would like to V原（V したいものです）《←丁寧な want to V原》
例　I would like to play tennis with you.
　　（私は君とテニスがしたいものです。）
　　※「I would」は「I'd」と省略されることもあります。

71

will、would、could を用いた依頼表現

- ☑ Will **you V**原 **.....?** ：V してもらえませんか？《依頼》
- ☑ Would **you V**原 **.....?** ：V してくださいませんか？《丁寧な依頼》
  = Could **you V**原 **.....?**

例　Will **you turn on the light?**
　　▶明かりをつけてもらえませんか？《依頼》

　　Would [Could] **you help me?**
　　▶手伝ってくださいませんか？《丁寧な依頼》

この「**Would you V**原 **..... ?**」は海外旅行でもかなり使えますから、
シッカリ覚えておいちゃいましょうね！

3　注意すべき慣用的な助動詞表現

さて、先程やった「**be able to**」や「**have to**」のように、
2語以上の単語がカタマって1つの助動詞の働きをする
っていう大人気の表現が、他にも結構あるんですよ。
これらは、正確には「助動詞」ではありません。
でも、最初の段階では「助動詞の一種」と覚えておいた方がわかりやす
いので、本書ではそういう扱いをしていきますからね。

- ☑ had better **V**原 ：V した方がよい
- ☑ had better not **V**原 ：V しない方がよい

例　**You** had better **go to the office at once.**
　　▶君はすぐに出勤した方がよい。

　　You had better not **attend the meeting.**
　　▶君はその会合に出席しない方がよい。

had better は、**had** だけど現在の意味です。

また、その否定は had better not V原 になります。

not の位置を間違う人が多いので、何度も声に出して覚えましょう！

had better は、時に忠告・命令の意味を表す強い表現になるので、

「目上の人には使わない方がよい」という点も注意しましょう！

> ✓ had best V原 ：V するのが一番よい
> ✓ had best not V原 ：V しないのが一番よい

例　You had best leave now.

▶ （君は）今出発するのが一番よい [今出発すべきだ]。

You had best not sit up late at night.

▶ （君は）夜更かししないのが一番よい [夜更かしすべきではない]。

had better not V原 と同様に、not の位置に注意！

「had best で 1 つの助動詞」と考えれば間違えないですよね！

> ✓ ought to V原 　= should V原 　　：V すべきだ
> ✓ ought not to V原 　= should not V原 　：V すべきではない

例　You ought to [should] support your family.

▶君は自分の家族を養うべきだ。

You ought not to [should not] do such a thing.

▶君はそんなことをすべきではない。

ought to V原 は should V原 と同じような意味で使われます。

だから、上の例文では ought to の代わりに should も使えますからね！

> ✓ used to V原 ：かつてはよく V した 《過去の規則的習慣》
> 　　　　　　　：かつては V だった 　《過去の状態》

例　We used to go fishing in the lake.

▶私たちは、昔よく湖へ釣りに行ったものでした。《過去の規則的習慣》

There used to be a hospital on that hill.

▶かつて、あの丘の上に病院がありました。《過去の状態》

「used to V原」は、今はやってないけど昔は**規則的**にやっていた習慣や、昔の状態などを表現してあげる助動詞表現です。

これと関連して覚えておくといいのが「would V原」。

「would V原」は、過去の**不規則**な習慣を表すことができます。

例　I would go fishing when I was a child.

▶私は子供のとき、(不規則に) よく釣りに行ったものだった。

「I would V原」はよく「I'd V原」という短縮形で表されます。

「I'd」は「I had」などではなく「I would」の略なので要注意ですよ！

☑ may[might] as well V1原 (as V2原)
　　　：(V2 するくらいなら) V1 した方がましだ
☑ may[might] well V原：V するのももっともだ

例　You might as well throw your money into the sea as lend it to Ken.

▶ケンにお金を貸すくらいなら海へ捨てた方がましだ。

You may well be surprised at the news.

▶君がその知らせに驚くのももっともだ。

☑ would rather V1原 (than V2原)
　　　　　　　：(V2 するよりも) むしろ V1 したい
☑ would rather not V原：むしろ V したくない

例　I would rather go out than stay home.

▶私は家にいるよりもむしろ外出したい。

I would rather not go to church.

▶私はむしろ教会に行きたくない。

4 過去の出来事を後悔・推察する助動詞表現

最後に、過去の出来事を**後悔**・**推察**する表現を押さえましょう！

> ☑ need not have V_{pp} ：V する必要はなかったのに（してしまった）
> ☑ should have V_{pp} ：V すべきだったのに（しなかった）

例 You need not have come at 5 o'clock.

　▶ 5時に来る必要はなかったのに（来てしまった）。

You should have seen the view.

　▶ その景色を見るべきだったのに（見なかった）。

過去の出来事を後悔してますよね。

では、最後に過去の出来事を推察する助動詞表現、行ってみよう！

> ☑ may［might］have V_{pp} ：V したかもしれない
> ☑ must have V_{pp} ：V したに違いない
> ☑ cannot have V_{pp} ：V したはずがない

例 Teddy may have left for Tokyo yesterday.

　▶ テディは昨日東京へ向けて出発したかもしれない。

He must have mistaken me for my cousin.

　▶ 彼は、私をいとこと間違えたに違いない。

Jim cannot have written the poem by himself.

　▶ ジムが1人でその詩を書いたはずがない。

暗記の量が多くてちょっぴり大変だけど、

やれば確実に英語力がアップするので、やらなきゃ損だよ！

では、CHECK問題で確認していきましょう！

第5講 CHECK問題

第5講のまとめ

★助動詞 ── 肯定文：S + 助動詞 + V原
　　　　 ── 否定文：S + 助動詞 + not + V原
　　　　 ── 疑問文：助動詞 + S + V原 .....?

★「助動詞 + have + V_pp」で、過去の出来事を後悔・推察する

問　日本文に合うように、空所に最も適切な語句の番号を選びなさい。

1　君はそんなことをすべきではない。

You (　　　) do such a thing.

① shouldn't　　② don't　　③ mustn't　　④ won't

2　昨日は早起きしなければなりませんでした。

I (　　　) get up early yesterday.

① might　　② have to　　③ must　　④ had to

3　彼女はすぐに歩けるようになるでしょう。

She (　　　) walk soon.

① will can　　　　　　　　② will be able to

③ is going to can　　　　④ can be going to

4　あなたは歴史学で悪い成績を取るかもしれません。

You (　　　) get a poor grade in history.

① should　　② must　　③ will　　④ may

5　君はここで待たない方がいい。

You (　　　) here

① had not better waiting　　② had better not waiting

③ had not better wait　　　④ had better not wait

解答・解説

★助動詞の意味と使い方はキッチリと覚えよう！
★いつの話をしているのか、時制にも注意！
★助動詞を使うのは１つの文に１回のみ。
★助動詞（のカタマリ）は not の入る位置に注意！

答1 正解＝① ★「Vすべきではない」は、should（Vすべきである《義務》）の否定なので、should not「shouldn't」が適切な表現となる。したがって①が正解。③は「Vしてはいけない《禁止》」を表す表現なので、違いに注意。

答2 正解＝④ ★「Vしなければならない」は「must ＝ have to」だが、この文は昨日の話なので、**過去形**にしなければならない。よって④が正解。must 自体には過去形が存在しないので、must を過去にしたいときは have to の過去形である had to を使う。

答3 正解＝② ★「歩けるようになる」のは未来の話なので will を使う。また、「歩ける」は可能の意味なので、can を使いたいが、**助動詞は１つの文に１回しか使えない**。よって can と同じ意味を持つ be able to を使った②が正解。

答4 正解＝④ ★「Vするかもしれない」という推量は may を使う。よって、④が正解。他の選択肢は、文法的にはおかしくないけど、意味が合わないのでダメ。

答5 正解＝④ ★「Vしない方がよい」は「had better not V原」を使えばよいので、④が正解。助動詞を含む否定文は、助動詞の直後に not を置く。「had better」は２語で１つの助動詞だと考えれば、not の位置は明らか。慣用的な助動詞表現では not の位置を問う問題がよく出るので、シッカリと覚えておきましょう！

…あの、今までずっと黙ってきたんですが、
皆さんにどうしても告白しなくちゃいけない話があるんです…。
…実はね、今までやってきた「A が B を V する」という文のように、
動作をするものが主語になっている表現を「**能動態**」っていうんですね。
それに対して、「B が A に V される」のように、
動作を受けるものが主語になっている表現があって、
それを「**受動態**」（または**受け身形**）というんですよ。
私は今の今まで、能動態の話ばかりしてきて、
受動態の存在をずっと伝えてこなかったんです！
…ということで、受動態の謎に迫ってみましょう！

Ⅰ 受動態

受動態とは、目的語（O）を主語（S）に変えた表現のこと。
例えば、**He loves Joan.**（彼はジョーンを愛している。）
という能動態の文があったとしますよね。
これを「ジョーンは彼に愛**されている**。」という受動態の文にしたら、
どんな形になるかわかりますか？

実は、受動態のときは、動詞 V を「**be＋V$_{pp}$**」という形にすることで、
「**V される**」っていう意味になるんです。
この「be＋V$_{pp}$」は、be動詞と一般動詞がくっついて
動詞が2つになっているわけじゃなくて、
1つの動詞のカタマリになっていると考えてくださいね。
では、ちょっと例文を見てみましょう。

【能動態】He loves Joan.　　　（彼はジョーンを愛している。）

↓

【受動態】Joan is loved by him.　　（ジョーンは彼に愛されている。）

この例文を見ればわかると思いますが、
能動態の文を受動態にするときは、次の手順を踏めばいいんです。

> ● POINT
>
> ## 受動態の作り方
>
> ❶ 能動態の目的語（O）を受動態の主語（S）にする！
> ❷ 動詞（V）を「be＋V_{pp}」の形にする！
> ❸「by＋行為者」を後ろに付ける！（省略も可）

例文でも、目的語だった Joan が、受動態では主語に変わっていますね。
loves も「is loved」という「be＋V_{pp}」の形に変わっています。
誰によってその動作が行われているのかを伝える必要がある場合は、
受動態の最後に「by＋行為者」を付けます。
行為者のところには、能動態だったときの主語が入りますよ。
例文では He が loves の行為者だから、by him が付いています。
行為者が代名詞のときは、
「I / my / me」や「he / his / him」の3番目（目的格）を使うんですね！

> ● POINT
>
> ## 受動態で押さえてほしい3つのポイント
>
> ① 意味／形：（〜によって）V される／ be＋V_{pp}（＋by 〜）
> ② 受動態は目的語（O）を主人公（S）に変えた表現なので、元の
> 　 文には必ず O が必要
> ③「主語」と「時制」で is・am・are・was・were を使い分ける

ポイントの②に「元の文には必ず O が必要」とありますが、これは、
受動態は第3文型・第4文型・第5文型でしか作れない
ということなんです！

だって、第1文型と第2文型には O がないですもんね！▼

というわけで、文型ごとに受動態の作り方を押さえていきましょう！

さっきやった受動態の作り方とポイントはシッカリ覚えました？

じゃ、サクサクいくのでちゃんとついてきてくださいね！

2　第3文型（SVO）の受動態

> **公式**　【能動態】S＋V＋O
>
> 　　　　　【受動態】S＋be＋V$_{pp}$（＋by 行為者）

【能動態】Jim drew this picture.
描いた　この　絵を

　↓

【受動態】This picture was drawn by Jim.

　　　　　　▶この絵はジムによって描かれた。

能動態の文の O が S に変わって、動詞が「be＋V$_{pp}$」になっていますね。

過去の文だから「was drawn」になってることに注意！

受動態の文を過去形にするときは、

「be＋V$_{pp}$」の be の方だけを過去形にすればいいんですね。

【能動態】Linda took this picture in 1975.
リンダは　撮った　この　写真を

　↓

【受動態】This picture was taken by Linda in 1975.

　　　　　　▶この写真は、1975年にリンダによって撮られました。

ちなみに「in 1975」のような修飾語句は、

文の最後に来るように残してあげればいいんです。

じゃ、次いきましょう！

補足　▼ 目的語（O）のある文だけが、受動態になれる！

S V O、S V O O、S V O C の文は、O を主語にして「～される」という意味の文に変形させることができます。この変形させた形を受動態というわけです。だから、S V や S V C のように、O がない文は受動態にはできません。

【能動態】 They speak English in Australia.
　　　　　　彼らは　話す　英語を

　　　　↓

【受動態】 English is spoken (by them) in Australia.
　　　　　　　▶オーストラリアでは英語が話されます。

ここで覚えておいてほしいことがあります。

次のような場合には、「by＋行為者」を省略しますよ。

● POINT ●

「by＋行為者」を省略する場合

① 文脈から誰がその行為を行ったかが明らかにわかる

② 行為者が一般の人（we・you・they など）

③ 行為者がハッキリしない

上の例文の them は、文脈から「オーストラリアに住んでいる一般の人」

だってわかりますよね。

だから省略しちゃうんですね。

ちなみに、「〜によって」を表す「by＋行為者」の部分に

by 以外の前置詞が来る受動態が結構あるんですよ。

【能動態】 Everyone knows Jimmy.
　　　　　　みんなは　知っている　ジミーを

　　　　↓

【受動態】 Jimmy is known to everyone.
　　　　　　　▶ジミーはみんなに知られています。

この例文では、by 以外の前置詞 (to) が使われていますよね。

こういった受動態は熟語として覚えてしまいましょう！▼

参考 ▼by 以外の前置詞を使う受動態（の例）

☐ be covered with 〜：〜で覆われている
☐ be interested in 〜：〜に興味がある
☐ be made from 原料 [of 材料]：原料で [材料で] 作られた
☐ be surprised at 〜：〜に驚く

3 第4文型 (SVOO) の受動態

公式　【能動態】　$S + V + O_1 + O_2$

　　　【受動態】① $S + be + V_{pp} + O_2$（+ by 行為者）

　　　　　　　② $S + be + V_{pp} + O_1$（+ by 行為者）

第4文型は O が2つあるから、2パターンの受動態が作れますよ。
つまり、O_1 が主語になった受動態と、O_2 が主語になった受動態、
2つのパターンが作れるというわけですね。
例文を見てみましょう。

【能動態】Lucy told us the story.
<small>話した 私たちに その物語を</small>

　↓

【受動態】We were told the story by Lucy.

▶私たちは、ルーシーによってその物語を話されました。

The story was told us by Lucy.

▶その物語はルーシーによって私たちに話されました。

O_1 か O_2、どちらかを主語にして受動態を作った場合、
もう片方の O はそのまま動詞（$be + V_{pp}$）の後ろに残るんですね。

4 第5文型 (SVOC) の受動態

公式【能動態】　$S + V + O + C$

　　　【受動態】　$S + be + V_{pp} + C$（+ by 行為者）

【能動態】The children call the dog Max.
<small>子供たちは　呼ぶ　その犬を　マックスと</small>

　↓

【受動態】The dog is called Max by the children.

▶その犬は子供たちにマックスと呼ばれています。

第 5 文型も同じように、**O** を主語に変えて、
V を be ＋ **V**_{pp} に変えればいいんですね。
C はそのまま動詞の後ろに残るのがポイントです。

5 群動詞を使った受動態

人の中には、いつも特定の誰かと一緒にいる人っていますよね。
動詞の中にも、**laugh at**、**look at**、**speak to** などのように、
〜を笑う　〜を見る　〜に話す
いつも前置詞と一緒にいて、「動詞＋前置詞」というセットで使われる
群動詞というヤツらがいるんです。
こいつらは**セットで 1 つの他動詞のカタマリ**と考えてあげましょう。

【能動態】 Her friends laughed at her.
　　　　　彼女の友達は　　笑った　　彼女を

　　↓

【受動態】 She was laughed at by her friends.

　　　　　　　▶彼女は友達に笑われました。

laugh at は「〜を笑う」という群動詞（**V** のカタマリ）なので、
受動態にすると「be laughed at」が 1 つの動詞になっちゃうんです。
で、その動詞の後に by her friends が来る。
このとき、「**at by**」のように前置詞が並ぶ変な形になりますけど、
これで OK なので、勝手に at を消したりしないでくださいね！

● POINT ●

群動詞の例

☐ call at 場所 ：場所を訪れる　　☐ call on 人 ： 人 を訪問する

☐ laugh at 〜：〜を笑う　　　　☐ look at 〜：〜を見る

☐ look for 〜：〜を探す　　　　☐ speak to 人 ： 人 に話す

☐ take care of 〜：〜の世話をする

では、CHECK問題で、この講で覚えた知識を使ってみましょう！

第 **6** 講
CHECK問題

★基本的な受動態の作り方★
① 能動態の目的語（**O**）を受動態の主語（**S**）にする！
② 動詞（**V**）を「**be**＋**V_pp**」の形にする！
③ 行為者（元の **S**）を「**by**＋行為者」の形で付ける（省略可）

問1　次の文を受動態に書き換えなさい。

☐**1**　Tony named the pig Rose.
　　＝（　　　　　　　　　　　　　　　　　　）

☐**2**　Jane bought Jim a book.　　　　　　〈2パターン作りなさい〉
　　＝ ①（　　　　　　　　　　　　　　　　　）
　　＝ ②（　　　　　　　　　　　　　　　　　）

☐**3**　They will invite Ken to the party.
　　＝（　　　　　　　　　　　　　　　　　　）

問2　空所に最も適切な語句の番号を選びなさい。

☐**4**　Mary took care of the cat.
　　＝ The cat（　　　　）by Mary.
　　① took care of　　　　　② was taken care of
　　③ took care　　　　　　④ was taken care

☐**5**　チーズは牛乳から作られています。
　　＝ Cheese is made（　　　　）milk.
　　① by　　　　② with　　　　③ from　　　　④ of

84

ここがポイント！

★助動詞がある文の受動態は、「助動詞＋be＋V_{pp}」になる！

★群動詞（動詞＋前置詞）を使った受動態では、「前置詞」を消さない！

★「be made of＋材料」「be made from＋原料」の使い分けに注意！

答1 正解＝ The pig was named Rose by Tony.

（訳：そのブタはトニーによってローズと名づけられた。）

★「the pig (**O**) ＝ Emi (**C**)」（第5文型）の受動態。

答2 正解＝① Jim was bought a book by Jane.

（訳：ジムはジェーンに本を買ってもらった。）

正解＝② A book was bought (for) Jim by Jane.

（訳：本はジェーンによってジムのために買われた。）

★①は Jim (**O₁**) を、②は a book (**O₂**) を **S** に変えたもの。

答3 正解＝ Ken will be invited to the party (by them).

（訳：ケンはそのパーティーに招待されるだろう。）

★助動詞が入っているときは、そのまま助動詞を残して受動態にする。つまり、「**助動詞**＋be＋V_{pp}」の形にすればよい。助動詞の後ろの **V** は原形だから、be は原形のまま「will be V_{pp}」になる。

答4 正解＝② （訳：その猫は、メリーに世話されました。）

★もともと目的語 (**O**) の位置にあった名詞が **S** に変化しているので、受動態にしなければならないというのがわかる。また、「take care of 〜」はセットで使う群動詞なので、受動態にしても of が消えたりはしない。よって②が正解。

答5 正解＝③ ★「be made of＋材料」「be made from＋原料」は頻出。材料とは、その製品を見たときに素材が目で見えるもの。原料は目で見えないものと考える。例えば、「机は木でできている」の木は目で見えるから**材料**。「チーズは牛乳からできている」の牛乳は、チーズを見ても目には見えない〔知識がないとわからない〕から**原料**となる。

疑問詞と疑問文
〜疑問詞を使った疑問文〜

疑問詞＋疑問文の形＋？

今回は、「誰が？」「何を？」「いつ？」「どこで？」「どうやって？」
などの疑問を投げかける表現をやります！
誰　　何　　どちら　いつ　　どこ　　なぜ　どうやって
who、what、which、when、where、why、how
などを疑問詞というのですが、
これらは大きく3つに分けることができるんです。

① 名　詞をたずねるときの疑問代名詞（who、what、which）
② 形容詞をたずねるときの疑問形容詞（whose、what、which）
③ 副　詞をたずねるときの疑問副詞（when、where、why、how）

いいですか？　じゃ、①の疑問代名詞から行ってみましょう！

┃ 疑問代名詞

まずは第2講で勉強した疑問文を復習してみましょう。

Does Nancy love Fred?
　▶ナンシーはフレッドを愛していますか？

一般動詞の疑問文は、このようになっていましたね。(☞P.31)
で、疑問文に答えるときは、

　　— Yes, she does. / No, she doesn't.
というふうに、Yes / No で答えていたわけですね。
今回やる「疑問詞を使った疑問文」というのは、
このように Yes か No かをたずねる疑問文ではなく、
「**具体的な情報**」をたずねたいときに使う疑問文なんです。
で、たずねたいのが「人」や「モノ」といった**名詞**の場合、

who などの**疑問代名詞**を使うわけです。
例えば、次の英文を見てみてください！

　　　Nancy loves Fred.　　　　　　（ナンシーはフレッドを愛しています。）

この名詞「Fred」の部分が不明だったとしますよね。

　　　Nancy loves ［　？　］.

こうなると、「誰を愛しているの？」って聞きたくなるでしょ？
もう、早く話してよ的な。具体的な情報が欲しいでしょ!?
もう、ほしがり屋さん！
… こういうときは、次のような手順で疑問文を作ればいいんです！

　　　Nancy loves ［　？　］.
　　　↓❶不明な部分を疑問詞に変える
　　　Nancy loves who.
　　　↓❷疑問詞を**文頭**に持っていく
　　　Who Nancy loves.
　　　↓❸疑問詞の後ろを**疑問文の形**にして最後に**？**を付ける
　　　Who does Nancy love?

これで、「ナンシーは誰を愛しているの？」という疑問文の完成！
「誰」という情報を聞きたかったので、疑問詞は who（誰）を使ったんですね。
疑問詞の後ろは普通「疑問文の形」になることに注意してくださいね！

第7講　疑問詞と疑問文

> ● POINT
> ### 疑問詞を使った疑問文の形
> 疑問詞＋疑問文の形＋？
> ※疑問詞を使った疑問文は、基本5文型の「不明なもの」を疑問詞に変えて文頭に
> 　持っていった文（＝基本5文型を変形させた文）と考えること。

たずねたい部分を疑問詞に変えて文頭に持っていき、
その後ろを「**疑問文の形**」にすれば OK ってわけですね。
では次に、Nancy の部分が不明で、
「**誰が**フレッドを愛しているの？」って聞きたい場合を見てみましょう！

Nancy **loves Fred.**

→ [**？**] **loves Fred.** (Nancy の部分が不明)

↓ ❶不明な部分を疑問詞に変える

Who **loves Fred.**

↓ ❷疑問詞を文頭に持っていく（すでに文頭にあるからこのまま！）

Who **loves Fred.**

↓ ❸疑問詞の後ろを「疑問文の形」にして最後に？を付ける

Who **loves Fred?** (疑問文の形にできないからこれで完成！)

疑問詞を使った疑問文はこのように作ればいいわけですね。
そうそう、基本的に**疑問代名詞は「3人称・単数扱い」をする**ので、
上の文のように S が who などに変わった文では、
動詞に 3 単現の s が付くことにも注意してくださいね！
じゃ、次いきますよ。どんどん例文を見ていきましょう！

例　**You have an eraser in your hand.**

▶君は手に消しゴムを持っています。

この文の「an eraser」が不明で、「君は手に何（what）を持っているの？」
とたずねる文を作ってみましょう！

❶→ **You have** what **in your hand.**

❷→ **What you have in your hand.**

❸→ **What** do you have **in your hand?**

人が不明なときは who（誰）を使いますが、
モノが不明なときは what（何）を使って疑問文を作りますからね。
また、「どちら・どれ」をたずねたいときは、which を使うんです。

例　**Which** do you like, tea or coffee?

▶紅茶とコーヒー、どちらが好きですか？

この**疑問代名詞** who・what・which は、
S や O だった名詞が変化したものなんですよ。
だから、疑問代名詞の後ろは必ず、

変化した S や O が抜けた形になります。

例　Who does Nancy love ［　O　］?

　　Who ［　S　］ loves Fred?

2 疑問形容詞

疑問形容詞というのは、「**疑問代名詞の形容詞用法**」と考えましょう。

つまり、whose・what・which を形容詞として**名詞の前**に置いて、

「whose ～ ?」「what ～ ?」「which ～ ?」

とたずねるときに使うことができるナイスな用法なんです。

例　Whose pen is this?

　　▶これは誰のペンですか？

　　What color does she like?

　　▶どんな色が彼女は好きですか？

　　Which dictionary can Jim use?

　　▶どちらの辞書をジムは使っていいのですか？

whose は、「疑問代名詞 who の所有格」なのですが、

疑問形容詞として「誰の～?」とたずねるときに使うんです。

じゃ、この疑問形容詞を使った疑問文の作り方を見てみましょう！

まず、次のような英文があったとしますね。

　　Jim can use this dictionary.

　　▶ジムはこの辞書を使うことができます。

よくあることですが、この this の部分が不明で、

「**ど**の辞書をジムは使っていいの？」

と聞きたいときってありますよね。

そんなときは、まずはその不明な部分を

［　?　］にすることから始めるんですよね。

例文で見てみましょう！

Jim can use this dictionary.

→ Jim can use ［　?　］ dictionary. (this の部分が不明)

　↓ ❶不明な部分を疑問詞に変える

Jim can use which dictionary.

　↓ ❷「疑問詞＋名詞」を文頭に持っていく

Which dictionary Jim can use.

　↓ ❸疑問詞の後ろを「疑問文の形」にして最後に？を付ける

Which dictionary can Jim use?

はい、ここで注意！

今回の this dictionary（この→辞書）の this のように、

形容詞の働きをする言葉を疑問詞に変えるときは、

必ず**「疑問詞＋名詞」をカタマリで文頭に移動させる**こと！

だって、形容詞と名詞をバラバラにしたら、

どの名詞を修飾していたのかわからなくなっちゃいますからね！

○ Which dictionary can Jim use?　←おお、ナイスカップル！

× Which can Jim use dictionary?　←運命の２人がハナレバナレに!?

3 疑問副詞

疑問代名詞は**名詞**をたずねるときに使いましたが、

「いつ？」「どこで？」「なぜ？」などというふうに、

副詞をたずねるときは疑問副詞を使うんです。

疑問副詞というのは、when（いつ）、where（どこで）、why（なぜ）、

how（どうやって）の４つのことですよ。

ちょっと次の文を見てみましょう。

His sister cooked dinner last night.

　▶彼の姉は昨夜夕食を作りました。

例えば、この文の last night という副詞の部分が不明で、

「**いつ**彼の姉は夕食を作りましたか？」のように、

「いつ？」っていう**時**をたずねることってよくありますよね。

ということで、不明な部分を［　?　］にして疑問文を作ってみましょう。

His sister cooked dinner last night.

→ His sister cooked dinner [?]. (last night の部分が不明)

　↓ ❶不明な部分を疑問詞に変える

His sister cooked dinner when.

　↓ ❷疑問詞を文頭に持っていく

When his sister cooked dinner.

　↓ ❸疑問詞の後ろを「疑問文の形」にして最後に？を付ける

When did his sister cook dinner?

　▶彼の姉はいつ夕食を作ったのですか？

そろそろ、疑問詞を使った疑問文の作り方も慣れてきましたよね？
このように、疑問副詞を使ったときは、
副詞という「ただの修飾語」を疑問詞に変えているので、
疑問詞の後ろは名詞が抜けていない完全な文がきますからね！
疑問代名詞と疑問副詞のどちらを入れていいか迷ったら、
必ず疑問詞の後ろで名詞が抜けているのか、いないのかを確認ですよ！
はい、じゃあもう一度、疑問副詞を使って疑問文を作ってみましょう！

Glenn bought the wallet for two thousand yen.

　▶グレンはその財布を2千円で買いました。　副詞のカタマリ

この文を、疑問副詞（how much）を使って、
「いくらで買いましたか？」という疑問文にしてみましょう！

Glenn bought the wallet [?].

❶→ Glenn bought the wallet how much.

❷→ How much Glenn bought the wallet.

❸→ How much did Glenn buy the wallet?

この How much のように、切り離したらわからなくなるものは、
必ずセットで文頭に移動することを忘れちゃダメですからね！▼

補足 ▼how＋形容詞[副詞] で聞けることの例

☐ how	：方法	☐ how far	：距離	☐ how high	：高さ
☐ how large	：大きさ	☐ how long	：長さ	☐ how tall	：背丈
☐ how many	：数	☐ how much	：量・金額	☐ how old	：年齢

※これらは2語で1つの疑問副詞になっていると考えましょう。

4 間接疑問文

さあ、次はいよいよ疑問詞の大将の登場ですよ！

疑問詞を使った文には、実はなんとなんと、

間接疑問文っていう大変ありがたい表現もあるのですよ！

間接疑問文っていうのは、**文中で疑問詞を使った文**のことです。

まずは間接疑問文の形を見てみましょう！

例　I don't know what she wants.

　　▶私は、彼女が何を欲しがっているのか（ということ）がわからない。

今までは、文頭に疑問詞を置く疑問文をやってきましたが、

基本的に、疑問詞の後ろは「疑問文の形」になっていましたよね。

しかし…、ハイ、ココ注目 !!!

間接疑問文は疑問詞の後ろが「普通の文の形」になる！

さらに !!!　疑問詞から切れ目（ピリオドなど）まで、

1つの名詞のカタマリを作る働きをするという、

スゴイ機能の持ち主なんです！

● POINT ●

間接疑問文の形

【疑　問　文】　疑問詞＋疑問文の形＋？

【間接疑問文】　Ｓ Ｖ＋ [疑問詞＋普通の文の形].
　　　　　　　　　　　　　　　　〜ということ
　　　　　　　　　　　　名詞のカタマリ

では、疑問文と間接疑問文の違いを、例文で見てみましょう。

例　Where does she play tennis?　　　　（疑問文）

　　I don't know where she plays tennis.　　（間接疑問文）

　　▶私は、彼女がどこでテニスをしているのか（ということを）知りません。

例　Why are you so cute?　　　　（疑問文）

　　Please tell me why you are so cute.　　（間接疑問文）

　　▶なぜ君はそんなにかわいいのか（ということを）教えてください。

いい？　じゃ、間接疑問文の作り方をやっていきましょうか。

What does she want? I don't know that.

▶彼女は何を欲しがっているのですか？　私はそれを知らないのです。

I don't know を前に出して、この 2 つの文をくっつけて、
「私は彼女が何を欲しがっているのかわからない」
という 1 つの文を作ってみましょう。

What does she want? I don't know that.

↓**❶** I don't know の後ろに What does she want? をつなげる

I don't know [**what does she want**]？

↓**❷** [　]内の疑問詞の後ろを「普通の文の形」にして？を消す

I don't know [**what she wants**]．

これで完成！
[what she wants]が名詞のカタマリになって、
know の目的語（that）の代わりになっているわけですね！
この本では、[　]は**名詞のカタマリ**という意味ですからね。
ちなみに、ここでちょっと注意。
次の英文を見てみてください。

Do you know [**how old he is**]？

▶彼が何歳か知っていますか？

この文は、**Do you know ～?** という疑問文の中で、
know の目的語として「疑問詞＋文」という
[名詞のカタマリ]が使われているだけだから、
文末の「**?**」は消しちゃダメ！
いいですかな!?

さて、疑問詞と疑問文がアヤフヤな人は本当に多いんですが、
これで基本は完璧。なんの疑問もなくなりましたよね…!?
ということで、CHECK問題で確認してみましょう！

第 *1* 講 CHECK問題

第*1*講のまとめ

★疑問詞＋疑問文の形＋？　　　　　→疑問文

★ **SV**＋ ［<u>疑問詞＋普通の文の形</u>］.　　→間接疑問文
　　　　　名詞のカタマリ

問　日本文に合う英文になるように、空所に最も適する語句を選べ。

□**1**　フレッドはどこでその財布を見つけたのですか。

（　　　） did Fred find the purse?

① When　　　　② Where　　　　③ Why　　　　④ How

□**2**　彼の身長はどのくらいですか。

（　　　） is he?

① How much　　　　　　② How long

③ How tall　　　　　　　④ How high

□**3**　これとあれ、どちらの写真の方が好きですか。

（　　　） do you prefer, this or that ?

① What　　　　　　　　② What picture

③ Which　　　　　　　　④ Which picture

□**4**　君はどうしてそんなに笑うのですか？

（　　　） makes you laugh so ?

① Why　　　　② How　　　　③ What　　　　④ Who

□**5**　彼がいつ戻ってきたのか教えてください。

Tell me when （　　　） back.

① he came　　　　　　② did he come

③ came　　　　　　　　④ came he

解答・解説

★**疑問代名詞**：疑問詞の後ろで S や O となっていた名詞が抜けている
★**疑問形容詞**：必ず「疑問詞＋名詞」をセットで使う
★**疑問副詞** ：疑問詞の後ろは名詞が抜けていない

答1 正解＝②　★「どこで」という場所を聞いているし、疑問詞の後ろは名詞が抜けていない完全な文なので、疑問副詞の②が正解。

答2 正解＝③　★「身長 (背丈)」を聞いているので③が正解。① How much は量・金額・程度をたずね、② How long は期間やモノの長さをたずね、④ How high は高さをたずねるが、人には使わない。

答3 正解＝④　★ this picture か that picture かわからないので「どちらの写真か」と聞いている。「Which picture」のようにセットでたずねないと、何をたずねているのかわからない。よって④が正解。

答4 正解＝③　★これができたらスバラシイ！ 空所の後ろが疑問文の順番ではない。つまり、空所 (疑問詞) が S の働きをしていて、S が抜けた形をしているので、疑問代名詞 (What か Who) を使う。また、日本文は「誰が」ではないので、who ではない。よって、③の What が正解。S make 名詞 V原 (S が名詞に V させる) という形なので、直訳は「何が君をそんなに笑わせるの？」となる。

答5 正解＝①　★疑問副詞 when が文中で使われた間接疑問文。間接疑問文では、疑問詞の後ろは普通の文の形になるので①が正解。疑問副詞は、疑問詞の後ろに名詞が抜けていない完全な文が来るので、S が抜けた形になってしまう③はダメ。

その他の表現
～命令文・感嘆文・仮定法～

命令文・感嘆文・仮定法

この講では、「〜しなさい」と命令する表現、「なんて〜なんだ！」のように驚く表現、さらに「もし…だったら、〜だろうに」といった「もしも話」をするときの表現をマスターしますよ！

I 命令文

命令文とは、目の前の相手（you）に命令するときに使う文のこと。
S を省略して V原 で始まる文にすると命令文になりますよ。

例文1

Open the door.
▶ドアを開けなさい。

命令は、目の前にいる **you** に向かってするのが当然だから、
主語（**You**）はいちいち言う必要がないってことで省略されるんですね。
動詞は **V原** ということも忘れないようにしてくださいね！
命令文の否定形（否定命令文という）は、
文頭に **Don't** を付けて「**Don't＋V原 ..... .**」という形にするだけ！
「**V するな**」「**V してはいけない**」という意味になりますよ。

例 **Don't be afraid of the examination.**
▶試験を恐れてはいけない。

注意 命令文の後に来る and と or の文は意味に注意！

☐ **V原**（命令文）, and .....（イイコト）.
▶ **V** しなさい、そうすれば .....（イイコトがある）。
☐ **V原**（命令文）, or .....（ワルイコト）.
▶ **V** しなさい、さもないと .....（ワルイコトがある）。

2 感嘆文

例えば、ムチャクチャ速く走る女性がいて驚いたとしますよね。
「She runs very fast.」と言っただけではオレの驚きは伝わらねえ！
そんなとき、**感嘆や驚きなどの強い感情を表す**のが感嘆文なんです。
例文2を見てみましょう！

How fast she runs!

▶彼女はなんて速く走るのでしょう！

この例文のように、感嘆文は次のような形をとります。

● POINT ●

感嘆文の形

☐ How 形容詞[副詞]（＋**S V**）！
  ：なんて…なんでしょう！
☐ What **a[an]** 形容詞＋名詞（＋**S V**）！
  ：なんて…な〜なんでしょう！
※ a[an] は、後ろの名詞が単数形のときに付く（複数形には付かない）。

形容詞や副詞を強調するときには、
「How 形容詞［副詞］（＋**S V**）！」を使いますが、
「形容詞＋名詞」（つまり名詞のカタマリ）を強調するときは、
「What **a[an]** 形容詞＋**名詞**（＋**S V**）！」を使いますからね。

例文3

What an exciting game (this is)!

▶なんて面白い試合なのでしょう！

感嘆文の最後に付く「**S V**」は、
How の感嘆文でも **What** の感嘆文でもよく省略されるので、
これも覚えておきましょう。

第 **8** 講　その他の表現

3 仮定法

仮定法（か ていほう）というのは、「もしブタが空を飛べたら」のように、

現実には絶対にありえない「もしも話」をするときに使う形です。

「もし明日晴れたら」みたいな**現実にありえる話**には使いません。

仮定法の形にはいくつかパターンがありますが、

ここでは最も基本的な「現在のもしも話」を伝える**助動詞の過去形**を使う形を押さえましょう。

● **POINT** ●

仮定法の形（過去形を使うので「仮定法過去」ともいう）

$(\text{If } S_1 \ V_p)$, S_2 would[could/might] $V_原$.

▶（もし S_1 が **V するならば**）、S_2 は **V するだろうに**。

※ could なら「できるのに」、might なら「かもしれないのに」の意味になる。
※ V_p が be動詞のときは普通 were を使う。

仮定法のポイントは 2 つあります。

まず 1 つ目は、（もし S_1 が **V するならば**）の部分に、

「**動詞の過去形（V_p）**」を使うという点。

もう 1 つは、「S_2 は **V するだろうに**。」の部分に、

「**助動詞の過去形＋$V_原$**」を使うという点です。

例文を見てみましょう。

例文 4

If I were a mermaid, I could swim well.

人魚

▶もし私が人魚だったら、上手に泳ぐことができるのに。

（**現実**：私は人魚じゃないので、上手に泳ぐことができない。）

この文は「$(\text{If } S_1 \ V_p)$, S_2 could $V_原$.」という形ですよね。

$(\text{If } S_1 \ V_p)$ が**副詞のカタマリ**を作っています。

一瞬、過去の文かと思いきや、

よく見ると、後ろの文に could（**can の過去形**）が入っています。

「この文は仮定法だよ」って教えてくれるキーワードの1つは、
助動詞の過去形なんですよ。
「If ..... ,」の後ろの文に助動詞の過去形が入っているので、
「仮定法かもしれない！」と疑いつつ文の意味を確認してみると…
ありえへん！　ありえへんがな!!!
「もし私が人魚だったら」って現実にはありえない話だから、
これは絶対に仮定法でしょ！
…という判断を1秒くらいでできるようになってください。(笑)

あと、「If I were a mermaid」もちょっと変ですよね。
1人称 (I) の be動詞の過去形は was なのに、
なぜか were が使われている…？　ミスプリ…!?
…いや、これはミスプリではないんですよ！
実は、**仮定法では、be動詞は was よりも were が好まれる**んです。
これも仮定法の文の特徴（とくちょう）なので、覚えておいてくださいね。

なお、仮定法では過去形を使いますが、現在のもしも話なので、訳すときは要注意！
「もし私が人魚だったら、上手に泳ぐことが**できる**のに。」
のように、きちんと**現在で訳す**のを忘れないようにしてくださいね！

ちなみに、なんで仮定法のときに過去形を使うのかというと、
仮定法は現実の話じゃないので、
現実の時制よりも"1つ昔"の時制を使って現実から遠い感じを出す
と考えておきましょう。
日本語でも「もし〜だったら（〜したら）…」のように、
「仮定」の話をするときは過去っぽくなりますしね。
はい、では CHECK問題で確認してみましょう！

参考　過去のもしも話（仮定法過去完了）

現在ではなく「**過去のもしも話**」をしたい場合は、次の形を使いましょう。
➡ (If S₁ had Vpp) , S₂ would [could/might] have Vpp.
例 If I had known **her address, I** would have written **her.**
　（もし彼女の住所を知っていたら、彼女に手紙を書いただろうに。）

CHECK問題

第8講のまとめ

★命令文：V原 で始まる文にする（S は必ず You なので省略）

★形容詞[副詞]を強調する感嘆文：How 形容詞[副詞]（＋S V)!

★形容詞＋名詞を強調する感嘆文：What a[an] 形容詞 名詞（＋S V)!

★仮定法：If S₁ V₁p, S₂ would[could/might] V₂原.

問　空所に最も適する語句の番号を選びなさい。

□**1**　騒ぐな。

(　　　) noisy.

① Aren't　　　② Don't be　　　③ You aren't　　　④ Be not

□**2**　なんてかわいい人形なんでしょう！

(　　　) doll!

① How a pretty　　　　　② What a pretty

③ How pretty a　　　　　④ What pretty a

□**3**　なんて寒いんでしょう！

(　　　) cold!

① How　　　② What　　　③ How a　　　④ What a

□**4**　How fast is this train running (　　　)

①．(ピリオド)　　　　　　②？(クエスチョン・マーク)

③！(エクスクラメーション・マーク)　④，(カンマ)

□**5**　If Annie were not busy, she (　　　) to the party.

① will come　　　　　② came

③ would come　　　　　④ would have come

ここがポイント！

★感嘆文では How や What を使うけど、この How と What の後ろは
疑問文の順番にはならない！
★仮定法は時制が１つ前にズレる！

答1 正解＝② ★「Vするな」という**否定の命令文**なので、「Don't V原 ......」
という形をとっている②が正解。この **V原** のところに be動詞の原形で
ある「be」が入っている。

答2 正解＝② ★「かわいい人形」という「形容詞＋名詞」の感嘆文なので、
「What a 形容詞＋名詞（＋**S V**）！」の方を使う。よって②が正解。ちな
みに名詞が複数のときは「What a」の a が消えて「What 形容詞＋名詞
の**複数形**（＋**S V**）！」になるので注意！

答3 正解＝① ★「寒い」という「**形容詞**」の感嘆文なので、「How 形容詞（＋
S V）」の方を使う。よって①が正解。

答4 正解＝② （訳：この電車はどのくらいの速さで走っているのですか？）
★「How fast」というカタマリの後ろが、**疑問文の順番**。これは第7講
でやった疑問詞を使った**疑問文**。ということは、疑問文なので、最後
に「?」が必要。したがって②が正解！ これひっかかりませんでし
た？ 疑問文には「?」が付いて、間接疑問文には「?」は付かないという
ことにも注意してくださいね！

答5 正解＝③ （訳：もしアニーが忙しくなければ、パーティーに来るのに。）
★ If S V のカタマリの中で、Annie **was** ではなく、Annie **were** となっ
ているので仮定法（現在のもしも話）だとわかる。よって would **V原** と
なる③が正解。

第1章の総まとめ

基本4品詞
- ①名　詞：人・モノ・事柄の**名前**を表す言葉。
- ②動　詞：主語の**動き**や**状態**を表す言葉。
- ③形容詞：**名詞**を飾る（説明する）言葉。
- ④副　詞：名詞**以外**を飾る（説明する）言葉。

動詞
- be動詞
- 一般動詞
  - 自動詞
  - 他動詞

↓文の主要素	名詞	動詞	形容詞	副詞
S（主語）	◎	×	×	×
V（動詞）	×	◎	×	×
O（目的語）	◎	×	×	×
C（補語）	◎	×	◎	×

基本5文型
- 第1文型：**SV**
- 第2文型：**SVC**
- 第3文型：**SVO** ⎫
- 第4文型：**SVOO** ⎬ **受動態**に変形できる（O が主語になる）
- 第5文型：**SVOC** ⎭

例外的な文の形
- ●「It is .....」の文
- ●「There is[are] .....」の文
- ●疑問文・感嘆文　など
★これらは基本5文型を変形させた文！

文の種類
- ①普通の文 ⎫
- ②疑問文 ⎬ このそれぞれに **肯定文**と**否定文**の形がある。
- ③命令文 ⎪ ※ただし感嘆文の否定文はマレなので本書では扱っていない。
- ④感嘆文 ⎭

時制

	基本形	進行形	完了形
	現在形 —	現在進行形 —	現在完了形
	過去形 —	過去進行形 —	過去完了形（＝大過去形）
	未来 —	未来進行形 —	未来完了形

※灰色は高校英語の範囲

助動詞
- ①**文の形を変える助動詞**
  - 例 do(does/did), have(has/had)
- ②**文に意味を付け加える助動詞**
  - 例 will(would)・can(could)・may(might)・shall(should)・must

これら助動詞は、否定文のときは直後に **not** が付き、疑問文のときは文頭に出る。後ろの V は必ず原形（V原）になる（have は例外）。

※ought to・used to なども2語で1つの助動詞の働きをすると考える。

疑問詞
- ①**疑問代名詞**…名詞をたずねる（**who, what, which**）
  誰　　何　　どちら
- ②**疑問形容詞**…形容詞をたずねる（**whose ～, what ～, which ～**）
  誰の～　　どんな～　　どちらの～
- ③**疑問副詞**……副詞をたずねる（**when, where, why, how**）
  いつ　どこで　なぜ　どのように

第2章
カタマリを作る文法

いくつかの語が集まって、名詞のカタマリになったり、形容詞や副詞のカタマリになったりすることがあります。この章では、そんな「カタマリを作る文法」をやります。名詞・形容詞・副詞の働きをシッカリ押さえてからスタートしましょう！

【音声学習】

下の二次元コードをスマートフォン等のカメラで読み取ると、第2章のカコミ付き例文やCHECK問題の音声が「日本文→英文」の順でストリーミング再生されます。

不定詞 ①

〜名詞的用法〜

● 今回の KEY WORD ●

[to V原] = V すること

不定詞とは、前置詞の to と動詞の原形 (V原) がくっついて、
「to V原」という形になったもののことです。
不定詞 (to V原) は、**名詞や形容詞や副詞のカタマリを作る**という、
1 人 3 役をこなすスゴイヤツなんですよ。
「二刀流」どころか、「三刀流」のワザを持つわけです！
ということで、まずは**名詞のカタマリを作る**不定詞を見てみましょう！

I 不定詞の名詞的用法

例文1 を見てみましょう！

例文 1

To tell lies is wrong.

▶ウソをつくことは良くない。

この文の **V** は？
… tell じゃないんですよ！
tell は動詞 (**V**) だけど、to が付いて「to tell」になっていると、
これは絶対に **V** ではありません !!!
[to V原] という形は、**V** の前に to が付いていることで、
「これは動詞じゃないよ！ 動詞以外の品詞のカタマリに変わったよ！」
という合図になっていると考えてください。
となると、この文の動詞 (**V**) は…そう、is ですよね！
で、**V** の前には **S** があるはずでしょ !?
S になれるのは名詞だけ。
ということは、is の前にある [**To tell lies**] (ウソをつくこと) が、

名詞のカタマリになって、文の S になっているということですよね！

To tell lies is wrong.

このように、「to V原......」は名詞のカタマリになることができるんです。
名詞とは「人・モノ・事柄」でしたよね (☞P.10)。
だから訳す場合は「**V すること**」のように事柄扱いするといいですよ。

ちなみに、例文1のように、
S の位置に［to V原］（名詞のカタマリ）があるとき、
そのカタマリの位置に It を置いて、
S のカタマリを文の最後に持っていくことが多いんです。

例　It is wrong ［to tell lies］.

この It を形式主語と呼んだりするのですが、
後ろに［to V原］があるときは It を「それは」とは訳さずに、
［to V原］のカタマリ（真の主語）を S として訳すんです。
だから、この文の訳は「［ウソをつくこと］は良くない。」になります。

It is … (for 〜) to V原：(〜が) V するのは…だ

これは基本5文型の「例外」的な文の型なのですが、
よく使う形なので、シッカリマスターしておきましょう！

さて、**名詞（のカタマリ）は、S の他に、O や C にもなれますよね。**
つまり、［to V原......］という不定詞の名詞的用法（名詞のカタマリ）も、
O や C になれるってことですよね。
今度はそれを確認していきましょう！
例文2を見てみてください！

例文2

She likes to read magazines.

▶彼女は雑誌を読むことが好きです。

この文の **V** は、likes ですよね。

「like ～」は「～が好きだ」という意味の他動詞なので、
後ろには**名詞 (O)** が、つまり、
好きな人・モノ・事柄がこなくちゃいけません。
ということは、[to read magazines]（雑誌を読むこと）が
名詞 (O) のカタマリになって、

She likes [to read magazines].

となっているのがわかりますよね！
それじゃあ、次に例文3を見てみましょう！

例文 3

My hobby is to collect old coins.

▶私の趣味は古いコインを集めることです。

この文の **V** は？ … is ですよね。
is などの be動詞は、**S と C はイコールですよ**という、
第2文型 **SVC** を作るのが基本の動詞でしたよね。
ということで、is の後ろは補語 C がこなきゃいけない。
実はこの文では、[to collect old coins]（古いコインを集めること）が
名詞のカタマリになって、補語 C になっているんです。

My hobby is to collect old coins.

「私の趣味<ruby>趣味<rt>しゅみ</rt></ruby>＝古いコインを集めること」の関係が成り立ってますよね。
このように、[to V原] が名詞のカタマリを作って、
S・O・C のカタマリになれるっていうのはバッチリ理解できました？
それでは、次に行ってみましょう！

2 不定詞共通ルール① ～不定詞の意味上の主語～

次は、ムチャクチャ大切な不定詞の「**意味上の主語**」をやりましょう。
不定詞の名詞的用法 [to V原] は「**V すること**」という意味だけど、
「**for ～ to V原**」という形をとると、「**～が V すること**」のように、
不定詞の V原 にも主語を付けてあげることができるんです。

例文4で確認しましょう。

It is wrong for children to tell lies.

▶子供がウソをつくことは良くない。

この「for 〜」を不定詞の**意味上の主語**っていいます。
ちなみに、「**意味上の主語が一般の人を指している場合**」は、
意味上の主語（for 〜）は書かなくてもいいんです。

例　It is wrong [to tell lies].

▶ウソをつくことは良くない。

この例文には「for 〜」がありませんよね。
「ウソをつくことは良くない」のは一般的なこと（つまり主語は**一般の人**）
だから、意味上の主語は書いていないんです。
一方、「**子供が**ウソをつくことは良くない。」のような文を作りたいとき
は、「for 〜」という意味上の主語を [to V原] の前に付けて、

It is wrong for children to tell lies.

▶子供がウソをつくことは良くない。

という形にするんです。
意味上の主語の作り方は、名詞のカタマリを作る不定詞だけじゃなく、
副詞のカタマリを作る不定詞でも同じなので、
何度も復習して絶対にマスターしましょう！
それではさっそく、次ページの CHECK問題を解いてみましょうか！

第**9**講　不定詞①

参考 ▌ **カタマリの簡単な見抜き方**

カタマリを作るものが、**S** の位置で名詞のカタマリを作るときは、**V の前**でカタマリは終了します。カタマリが **V** の後ろにきた場合は、カタマリはカンマやピリオドなどの**文の切れ目**で終了します。取りあえずそう考えると簡単です！

第 **9** 講

CHECK問題

第 9 講のまとめ

★ ［**to V**原］は「**V** すること」という名詞のカタマリを作って **S・O・C** になれる！

★不定詞の意味上の主語
　= for ～ **to V**原（～が **V** すること）

問　空所に最も適する語句の番号を選びなさい。

☐ **1**　(　　　　) a foreign language is never easy.
　① Master　　② To master　　③ Mastered　　④ Masters

☐ **2**　I forgot (　　　　) him the message.
　① give　　　② gives　　　③ gave　　　④ to give

☐ **3**　The car started (　　　　) at full speed.
　① run　　　② ran　　　③ to run　　　④ runs

☐ **4**　His dream is (　　　　) a scientist.
　① be　　　② to be　　　③ been　　　④ to

☐ **5**　It is very interesting (　　　　) biology.
　① to learn　　② learns　　③ learn　　④ learned

ここがポイント！

★1つの文に V は1つしか使えない！
★名詞のカタマリが S の場合は、カタマリは V の前で終了！ V より後ろの場合、カタマリはカンマやピリオド等の文の切れ目で終了と考える！

答1 正解 = ②　(To master) a foreign language is never easy.
（訳：外国語を習得することは決して簡単ではない。）

★この文全体の V は⁉…is ですね！ ということは V は1つしか使えないので①と④は×。is の前には S のカタマリが欲しいので②が正解。カタマリは V の前で終了する。

答2 正解 = ④　I forgot (to give) him the message.
（訳：私は彼に伝言することを忘れた。）

★この文の V は forgot で、V はもう使えないので、①・②・③は×。forgot の後ろには O（＝名詞のカタマリ）が欲しいので④が正解。

答3 正解 = ③　The car started (to run) at full speed.
（訳：その車は全速力で走り始めた。）

★この文の V である started の後ろには O のカタマリが欲しいので、O のカタマリを作れる③が正解。

答4 正解 = ②　His dream is (to be) a scientist.
（訳：彼の夢は科学者になることです。）

★この文の V は is。is（be動詞）は SVC の第2文型をとるので、is の後ろには C のカタマリが欲しい。したがって、C のカタマリを作れる②が正解。

答5 正解 = ①　It is very interesting (to learn) biology.
（訳：生物学を学ぶことは非常に興味深い。）

★「it is … (for ～)［to V原］」で、「（～が）V するのは…だ」という重要表現。it は［to V原］を指す形式主語とよばれ、本当の S は［to V原］。よって、この形になる①が正解。

不定詞②
〜形容詞的用法〜

● 今回の KEY WORD ●

名詞 ⟨to V原⟩ = V するための名詞

「to V原」は［名詞のカタマリ］になるだけではありません。

なんと、「to V原」は 名詞 の**後ろ**に置くと、

その 名詞 を修飾（説明）する**形容詞のカタマリ**にもなれちゃうんです！

　　　←⟨　⟩は形容詞のカタマリという意味!!

これを、不定詞の**形容詞的用法**といいます。

I 不定詞の形容詞的用法

例文1 で確認してみましょう！

例文 1

Maria has friends to help her.

▶マリアには自分を手伝ってくれる友達がいる。

この文の **V** は、**has** ですよね！

名詞のカタマリは **S・O・C** になることができたけど、

今回は **S** も **O** もあって第3文型 **SVO** が出来上がってるから、

to help her は名詞のカタマリじゃないですね。

よく見ると、名詞 friends の後ろに to help her があり、

この help は V原なので、「 名詞 ⟨to V原⟩」の形をとっていますよね。

つまり、⟨to help her⟩ が形容詞のカタマリを作って、

前にある名詞 friends を説明しているわけです。

Maria has friends ⟨to help her⟩ .
　　　　　　　└─ 説明

「名詞〈to V原 .....〉」の部分全体が、

文の目的語（O）のカタマリになっているんですね。

「名詞〈to V原〉」の名詞と〈to V原〉の間には、

「S（友達が）V（手伝う）」という関係があることも要チェックですよ！

そして、訳すときは

「Vするための→名詞」「Vする→名詞」

「Vするという→名詞」「Vすべき→名詞」

のように、前にある名詞にかかるように訳せば OK です！

では、続いて例文2を見てみましょう！

I have something to do at home today.

▶私は、今日家ですることがあります。

この文も「名詞〈to V原〉」の形になっていますね。

〈to do at home today〉（今日家でするための）が

形容詞のカタマリを作って、前の something を説明してるんですね。

I have | something |〈to do at home today〉.

説明

名詞と〈to V原〉の間の「O（何かを）V（今日家でする）」という関係

（名詞が to V の目的語になっている関係）にも注目してくださいね。

次、例文3を見てみましょう！

例文 3

We made a plan to take a trip to Tokyo.

▶私たちは東京へ旅行する計画を立てた。

参考 「to V原」の後ろも「英語の並び方」どおり

「to V原」の後ろには、V原の目的語 O・補語 C・修飾語（M）などが付いて1つの
カタマリを作る場合が多いのですが、このときも V原の後ろの語順は「英語の並
び方」どおり。不定詞や動名詞や分詞は、どこまでが1つのカタマリなのか注
意しましょう。

この文も「名詞〈to V原〉」の形をとって、
名詞（a plan）の後ろの to take a trip to Tokyo が、
「**東京へ旅行するという**→（計画）」のように、
形容詞のカタマリを作っていますからね。
（to Tokyo の to は後ろが V原じゃないので、前置詞の to ですよ！）

We made a plan 〈to take a trip to Tokyo〉.
　　　　　　　　　　⤶
　　　　　　　　　説明

名詞と〈to V原〉の間に「名詞（計画）＝その内容（東京へ旅行する）」
というイコール関係があることにも注目ですね！▼

ところで、形容詞的用法には、注意点があります。
ちょっと例文4を見てみてください！

例文4

I have no house to live in.

▶私には住む家がない。

この文では、**to live in**（形容詞のカタマリ）の部分が、
前置詞の in で終わっていますね。前置詞の後ろに名詞がない。
なんか変な感じはしますが、これは正しい文なのです。
前ページの例文2もそうですが、実は、
「名詞〈to V原〉」の名詞が〈to V原〉の目的語の関係になっているとき、
その名詞を形容詞のカタマリ〈to V原 .....〉の最後に持っていっても、
キチンとつながるようにしなければいけないんです。

× I have no house to live (the house).　←つながらない！
○ I have no house to live in (the house).　←つながる！

live は**自動詞**だから、「live in 〜」の形じゃないと

補足　▼「名詞〈to V原〉」の複雑な関係 !?
この名詞と不定詞〈to V原〉の関係は3つあるのです。
①名詞が S で、〈to V原〉が V である関係　（→例文1）
②名詞が〈to V原〉の目的語である関係　（→例文2）
③〈to V原〉が名詞の具体的説明である関係　（→例文3）

名詞が後ろにくっつけないんですよね。

だから前置詞 in を置く必要があるんです。

あと 2 つくらい例文を見てみましょう。

例 **This is** a pencil **to write with.** → a pencil がつながる！

▶これは書くための鉛筆です。

That is a chair **to sit on.** → a chair がつながる！

▶あれは座るためのイスです。

両方とも、名詞を〈to V原 ..... 〉の後に持っていってもつながりますよね。

2 不定詞共通ルール② ～不定詞の完了形～

さあ、今回も不定詞の共通ルールをやって終わりにしましょう。

今回は文の **V** が示す時よりも過去のことを表す場合の不定詞の形、

不定詞の完了形をやりますよ！

例文 5

She seems to have been sick.

▶彼女は病気だったように見える。

「seem to V原」で「V するように見える」という意味ですが、

She seems to be sick. （彼女は病気のように見える）

と何が違いますか？

不定詞のカタマリを「to have V$_{pp}$」にすると、

そのカタマリは**文の V**（seems）よりも過去の出来事である、

ということになるんです。

She seems to be **sick.**

▶彼女は【今】（～のように）見える、【今】病気であると。

She seems to have been **sick.**

▶彼女は【今】（～のように）見える、【過去】病気だったと。

不定詞の完了形「to have V$_{pp}$」は、文の V よりも過去の事柄を表す！

これ、忘れないでくださいね！

第10講のまとめ

★不定詞〈to V原〉は、名詞の後ろに付いて、その名詞を修飾（説明）する**形容詞のカタマリ**になることもできる。

★「名詞〈to V原〉」は、「Vするための→名詞」のように、形容詞のカタマリ〈to V原〉が前の名詞にかかるように訳す！

問　空所に最も適する語句の番号を選びなさい。

☐**1**　I had many things (　　　) last night.
① does　　② did　　③ to did　　④ to do

☐**2**　She wanted a friend (　　　).
① talked　　② talking　　③ to talk with　　④ talking with

☐**3**　Olivia has no time (　　　) her homework.
① do　　② to do　　③ did　　④ doing

☐**4**　I want a book (　　　) in the train.
① read　　② reads　　③ reading　　④ to read

☐**5**　Do you want something hot (　　　)?
① to drink　　② drinking　　③ drank　　④ drinks

ここがポイント！

★１つの文に V は１つしか使えない！

★名詞の後ろには、その名詞を説明する形容詞のカタマリを付けることができる！

答1　正解＝④　I had many things (to do) last night.
　　　　　　（訳：私は昨夜すべきことがたくさんあった。）
★１つの文に V は１つしか使えないので①と②は×。空所の前に名詞 (things) があり、空所にはその名詞を飾る形容詞を入れることができるので、形容詞のカタマリを作る④が正解。

答2　正解＝③　She wanted a friend (to talk with).
　　　　　　（訳：彼女は話をする友達を欲しがっていた。）
★彼女は friend を欲しがっていて、空所には**どんな** friend なのかという説明が入るので、形容詞のカタマリを作る③が正解。①・②・④がダメな理由は第13 ～ 14講の「分詞」を学べばわかりますよ。

答3　正解＝②　Olivia has no time (to do) her homework.
　　　　　　（訳：オリビアは宿題をする時間がない。）
★この文の V は has で、１つの文に V は２つ使えないので①と③は×。「時間がない」と言っているが、**何をするための**時間がないのかという説明が必要なので②が正解。

答4　正解＝④　I want a book (to read) in the train.
　　　　　　（訳：電車の中で読む本が欲しい。）
★１つの文に V は２つ使えないので①と②は×。「本」が欲しいと言っているが、「**電車で読むための→本**」のように、空所には前の名詞の説明が入るので④が正解。

答5　正解＝①　Do you want something hot (to drink)?
　　　　　　（訳：あなたは何か温かい飲み物が欲しいですか。）
★「-thing **形容詞** to V原」は、「-thing」（名詞）と「to V原」の間に hot や cold などの**形容詞**が入って、「何か V する**形容詞な**もの」と訳す重要表現。

不定詞 ③
～副詞的用法 & 原形不定詞～

● 今回の KEY WORD ●

（to V原）＝ 7 パターンの意味を付け足す

不定詞「**to V原**」は、**名詞**や**形容詞**のカタマリを作れますが、
なんと、**副詞のカタマリを作ることもできる**んですよ！
副詞のカタマリになって、「名詞以外の品詞」や「文全体」を修飾する
という極めて高度なワザを持っているのです！
これを不定詞の**副詞的用法**といいます。
基本 5 文型を使って文を完成させた後に、
オ・マ・ケとして次の 7 パターンの意味（説明）のどれかを付け足すのが
不定詞の副詞的用法（**to V原**）の働きです。

　① 目的　② 感情の原因　③ 判断の根拠　④ 結果　⑤ 程度
　⑥ 条件　⑦ 形容詞を修飾　　　　　　　　　※①〜⑤がメイン

いろいろありますが、「**説明を付け足している**」という点では同じ。
副詞はただの修飾語句（付け足し）なので、
あまり意味の判別に神経質にならなくても大丈夫ですからね！

I 不定詞の副詞的用法

例文 1

I worked hard to support my family.

▶ 私は自分の家族を養う**ために**、一生懸命働いた。 ←① 目的

この例文 1 は 7 つのパターンの 1 つ目、**目的**を付け足した文です。
　　I worked hard.　（私は一生懸命働いた。）
だけで、すでに第 1 文型が完成していますよね！
（hard は副詞だから、**S・V・O・C** にはなれない！）

不定詞（to V原）は、すでに完成した文に「Vするために」「Vするように」
のような目的の意味を付け足すことができる便利なヤツなんですよ。

I worked hard（to support my family）.
　　　　　　　　　　目的
▶私は一生懸命働いた（←私の家族を養うために）。

また、この**目的**を付け足す不定詞は日常的によく使われるので、
「これは**目的**を付け足す不定詞だよ！」とすぐわかるように、
　　in order **to** V原［so as **to** V原］　：**V するために**（目的）
という形で表現されることも多いんです。

例　I worked hard（in order **to** support my family）.
　　I worked hard（so as **to** support my family）.

それでは次、例文2へ行ってみましょう！

例文2

I am happy to see you again.
▶私はあなたに再会してうれしいです。←② 感情の原因

これは2つ目のパターンで、**感情の原因**を付け足した文。
（to V原）は、感情を表す語（happy など）の後ろに、
なぜそのような感情になったのか、
という感情の原因を付け足すときにも使えるんですね。

I am happy（to see you again）.
　　　　　　　感情の原因
▶私はうれしい（←あなたに再会して）。

感情の原因は、「**V して**」のように訳すとうまくいきますよ。
次、例文3を見てみましょうか！

例文3

She must be a genius to say such a thing.
▶そんなことを言う**なんて**、彼女は天才に違いない。←③ 判断の根拠

〈to V原〉は、判断を表す文の後ろに、
「なぜそのような判断をしたのか」という**判断の根拠**を
付け足すときにも使うこともできますからね。

　　　She must be a genius.　（彼女は天才に違いない。）

と判断して、その判断の根拠を〈to V原〉で付け足してるんですね！

She must be a genius〈to say such a thing〉.
　　　　　　　　　　　　　　判断の根拠

▶彼女は天才に違いない（←そんなことを言うなんて）。

判断の根拠は「**Vするなんて**」のように訳すときれいに訳せます！
では、次。例文4を見てください！

| 例文 4 |

She grew up to be a famous singer.

▶彼女は成長**して**有名な歌手になった。←④ 結果

これは4つ目のパターンで、**結果**を付け足した文です。

She grew up〈to be a famous singer〉.
　　　　　　　　　結果

▶彼女は成長した（←そして（その結果）有名な歌手になった）。

「**そして（その結果）〜する**」という意味を付け足すんですね。
結果を付け足す用法は、熟語として出ることが多いので、
この授業では次の頻出4パターンを押さえてしまいましょう！▼

❶ grow up to be 〜　：**成長して〜になる**
❷ live to be 年齢（ねんれい）　：**〜歳（さい）まで生きる**
❸ ..... never to V原　：**..... そして決して V しない**
❹ ..... only to V原　：**..... そして結局 V するだけだ**

例文　▼ **結果を付け足す用法の例文**

❷→ My grandmother lived to be ninety. （私の祖母は90歳まで生きた。）
❸→ He left the town in 1975, never to come back.
　　（彼は1975年にその町を出て、二度と戻らなかった。）
❹→ I worked hard to pass the test, only to fail.
　　（私は試験に合格しようと懸命に勉強したが、結局失敗してしまった。）

He was kind enough to help old people.

▶彼はお年寄りを手助け**する**ほど親切だった。←⑤ 程度
▶彼は親切に**も**お年寄りの手助けをした。

程度の意味の場合は「熟語」で使うのが基本なので、
次の頻出パターンをマスターしましょう！

☐ … enough to V原 [so … as to V原]　：V するほど…／…にも V する
☐ too … to V原　　　　　　　　　　：あまりに…なので V できない

さあ、今までの①〜⑤が、不定詞の副詞的用法のメインなんですが、
その他にも覚えておいてほしい用法が2つあるんです。
例文6を見てみましょう！

To hear her speech, you would take her for a scholar.

▶彼女の話を聞い**たら**、あなたは彼女を学者だと思うだろう。←⑥ 条件

これは6つ目のパターンで、**条件**を付け足した文です。
この（to V原）が文頭に付いてるように、
目的と**条件**の（to V原）は**文頭に付けることもできます**からね！
では、最後のパターン、例文7を見てみましょう！

That river is dangerous to swim in.

▶あの川は泳ぐには危険です。←⑦ 形容詞を修飾

これは、（to V原）が副詞のカタマリなので、
単純に**形容詞を修飾**することもありますよという例です。

危険な
That river is dangerous （**to swim in**）.
形容詞を修飾

副詞は名詞以外を修飾するという、一番基本的な使い方ですよね。
さあ、これで副詞のカタマリを作る不定詞はおしまい！

第II講 不定詞③

7パターンのカタマリを付け足すだけだからムチャクチャ簡単でしょ？
結局、足りない説明を後ろに付け足しているだけですよね。
何度も読んでシッカリと頭にこびりつかせてくださいね！

2 不定詞共通ルール③ 〜不定詞の否定形〜

では、今回は**不定詞の否定形**をマスターしておきましょう！
例文8を見てください！

例文 8

Take care not to catch a cold.

▶風邪をひかないように気をつけなさい。（不定詞の副詞的用法の否定形）

「**V しないように**」のように、「**to V**原」の部分を否定したいときは、
「**not to V**原」や「**never to V**原」とすればいいですからね。
「**in order to V**原」や「**so as to V**原」の否定形は、
「**in order not to V**原」「**so as not to V**原」になりますよ。
つまり「**to V**原」の直前に not を付ければいいだけ。余裕ですね！

3 原形不定詞

さて、では番外編ということで、**原形不定詞**の話もしておきましょうか。
原形不定詞っていうのは、「**to V**原」の to がなくなって、
「**V**原」だけになってしまった形（to なしの不定詞）のことなんですよ。
原形不定詞は「**使役動詞**」や「**知覚動詞**」の文でよく使います。
「**使役動詞**」とは「**〜に V させる**」という意味を持つ動詞のこと。
最初は、次の３つを覚えておけば OK です！

- 【強制】make 〜 **V**原 ：〜に V させる
- 【依頼】have 〜 **V**原 ：〜に V させる［してもらう］
- 【許可】let 〜 **V**原 ：〜に V させる［させてあげる］

じゃあ、例文で確認していきましょう。

He let the children <u>swim</u> in the river.

▶彼は子供たちを川で泳がせた。

この文の動詞は **let** ですよね。

一瞬 **swim** が文の動詞か？と思ってしまうけど、

よく見ると使役動詞を使って、

「let 〜 V原」の形をとっていることに気がつきますよね。

さて、次は「**知覚動詞**」だけど、

知覚動詞とは「見る・聞く」など人間の五感を表す動詞のこと。

この知覚動詞も、使役動詞と同じような形をとるんです。

☐ see 〜 V原 ： 〜が V するのを見る

☐ hear 〜 V原 ： 〜が V するのを聞く

☐ feel 〜 V原 ： 〜が V するのを感じる

I saw the man go into my house.

▶私は、その男性が私の家へ入るのを見た。

この文の動詞は **saw** ですよね。

go も動詞のように思ってしまうけど、

saw（**see** の過去形）という知覚動詞を使っていることに注目。

このように、**使役動詞**と**知覚動詞**は、

「**S＋V＋名詞（O）＋V原（C）」という形をとる**ことができるんですね。

そして、**原形不定詞はこの形で使われる**の基本なんです。

第 5 文型 **SVOC** は、「**O ＝ C**」という関係でしたが、

ここでは「**O が C する**」という関係になっているわけですね。

さあ、これで今回の授業はおしまい！

CHECK問題へ **GO** ！

第 II 講
CHECK問題

★不定詞の（**to V**原）は、文に以下 7 パターンの意味を付け足す副詞のカタマリになれる！

①目的　②感情の原因　③判断の根拠　④結果　⑤程度

⑥条件　⑦形容詞を修飾

問 1　次の文の不定詞が付け足している意味を選びなさい。

☐ **1** Dick was sad to hear the news.

① 目的　　　　② 感情の原因　　　③ 判断の根拠

④ 結果　　　　⑤ 程度

☐ **2** Jim studied hard to pass the examination.

① 目的　　　　② 感情の原因　　　③ 判断の根拠

④ 結果　　　　⑤ 程度

問 2　空所に最も適する語句の番号を選びなさい。

☐ **3** I saw her (　　　　) the room.

① to enter　　② enters　　③ entered　　④ enter

☐ **4** I was careful (　　　　) mistakes.

① to not make　　　　② to no make

③ not to make　　　　④ no to make

☐ **5** Mick was (　　　　) take care of the sick bird.

① enough to kind　　　② kind enough to

③ enough kind to　　　④ kind to enough

ここがポイント！

★不定詞の否定形は「not to V原」！
★「使役 [知覚] 動詞」は、
　「S + 使役 [知覚] 動詞 + 名詞 + V原」
　という形をとる！

答1　正解 = ②　Dick was sad to hear the news.
　　　　　　　　（訳：ディックはその知らせを聞いて悲しんだ。）
　★ Dick was sad. で第 2 文型が完成し、「to V原」の前に名詞がないので、「to V原」は形容詞のカタマリではなく、副詞のカタマリの付け足しだとわかる。今回は「sad（悲しい）」という**感情**が書いてある文への付け足しなので、②が正解。

答2　正解 = ①　Jim studied hard to pass the examination.
　　　　　　　　（訳：ジムはその試験に合格するために一生懸命勉強しました。）
　★ Jim studied hard. で第 1 文型が完成し、「to V原」の前に名詞がないので、副詞のカタマリの付け足しだとわかる。今回は一生懸命に勉強した**目的**が付け足されているので、①が正解。

答3　正解 = ④　I saw her (enter) the room.
　　　　　　　　（訳：私は彼女がその部屋へ入るのを見ました。）
　★ saw（見た）という知覚動詞を使った文なので、「S + 知覚動詞 + 名詞 (O) + V原 (C)」という第 5 文型（S は O が C〔V原〕するのを知覚する）をとる。よって④が正解。

答4　正解 = ③　I was careful (not to make) mistakes.
　　　　　　　　（訳：私は間違いをしないように注意した。）
　★不定詞の否定形は「not to V原」なので、③が正解。ちなみにこの文の不定詞（to V原）は副詞のカタマリ（目的）。

答5　正解 = ②　Mick was (kind enough to) take care of the sick bird.
　　　　　　　　（訳：ミックは親切にも病気の鳥の世話をした。）
　★重要熟語の「… enough to V原（V するほど… ／ …にも V する）」が頭に入っているかを確認する問題。②が正解。

動名詞
〜名詞のカタマリを作る Ving 〜

● 今回の KEY WORD ●

［Ving］（V すること）≒［to V原］（名詞のカタマリ）

動名詞とは、動詞を Ving の形にして**名詞**にしたもののことです。

例
study ＝動詞 → studying ＝動名詞
（勉強する）　　　　（勉強すること）
grow ＝動詞 → growing ＝動名詞
（育てる）　　　　　（育てること）

元は動詞なのに、［Ving］の形で**名詞**のカタマリを作るわけです。
実はこれ、不定詞［to V原］の名詞的用法と基本的には同じなんですよ。
ただ、**違う点もある**ので、その違いをシッカリと押さえながら、
動名詞を完璧にマスターしちゃいましょう！

1 動名詞＝ Ving ＝ V すること

動名詞［Ving］は名詞なので「事柄」扱い。
つまり「**V すること**」と訳すのが基本です！
Ving の作り方は、進行形のときにもやりましたよね！（☞P.56）
作り方を押さえたら、例文1 を見ましょう！

例文 1

Playing soccer is a lot of fun.
(= To play soccer is a lot of fun.)

▶サッカーをすることはとても楽しいです。

この例文の動詞は？ …そう、is ですよね。
Playing は ing が付いて動詞じゃないよって教えてくれているので、
「動詞は Playing ！」とか余裕な顔して間違わないように！
この Playing は、is の前で［Playing soccer］（サッカーをすること）と

いう名詞のカタマリ…つまり **S のカタマリ**を作っているんですね。
不定詞と同じく、名詞のカタマリを作るものが S の位置にきたときは、
カタマリは文の動詞の前で終了するというルールを覚えておきましょう！

動名詞は名詞だから、S の他に O や C にもなれます。
それを見てみましょう。

> **My hobby is growing flowers.**　　→動名詞は **C のカタマリ▼**
> ▶私の趣味は花を育てることです。
>
> **May likes listening to music.**　　→動名詞は **O のカタマリ**
> ▶メイは音楽を聞くことが好きです。（※ listen to ～〔～を聞く〕）

このように、**動名詞は S・O・C になれる**わけですね。
あとね、**動名詞は名詞だから、前置詞の後ろに置く**こともありますよ。

例　Roy is good at playing golf.
　　　▶ロイはゴルフをするのが得意です。

この文では、熟語「**be good at ～（～が得意である）**」の前置詞 at の後
ろで〔playing golf〕という名詞のカタマリを作っていますね。
ただし、この文は〔to V原〕で書き換えができないんですよね。
ここが動名詞と不定詞〔to V原〕の違い‼
実は、**前置詞の後ろでは、動名詞の〔Ving〕を使えるけど、
〔to V原〕は使えない**んです‼

○ Roy is good at playing golf. (動名詞)

✕ Roy is good at to play golf. (不定詞)

ここ、重要なポイントだからシッカリと覚えておきましょう。

注意 ▎▼**動名詞と進行形の間違いに注意！**
「**S＋be＋Ving .....**」という形の文の「**be＋Ving**」という部分は、進行形と動名
詞の間違いに注意しましょう！　日本語に訳してみて、「**V しているところだ**」な
ら**進行形**で、「**V すること**」だったら**動名詞**だと考えて区別しますよ！

2 動名詞と不定詞（名詞的用法）の違い

動名詞［Ving］と不定詞［to V原］は同じ「Vすること」ですが、
さっきのように、同じように使えない場合があるんですよね。
［Ving］の代わりに［to V原］が使えないのは他にどんなときなのか、
例文2を見てみましょう！

例文 2

We finished cleaning our classroom.

▶私たちは、自分たちの教室の掃除を終えました。

他動詞 finished の後ろで cleaning が名詞のカタマリを作っています。
この［Ving］のカタマリは O のカタマリだから、
［to V原］で書き換えられると思っちゃいますが、それは×！
実は O のカタマリとして［to V原］が使えない動詞があるんです！
そんな動詞の**ヒデキ12選**を、今ここで覚えちゃいましょう！

● POINT ●

O として［Ving］を使う動詞たち

1	stop［Ving］	：Vするのをやめる
2	finish［Ving］	：Vし終える
3	deny［Ving］	：Vしないと言う
4	enjoy［Ving］	：Vして楽しむ
5	mind［Ving］	：Vするのを気にする
6	escape［Ving］	：Vするのを逃れる
7	give up［Ving］	：Vするのをやめる
8	admit［Ving］	：Vする［した］のを認める
9	miss［Ving］	：Vしそこなう
10	avoid［Ving］	：Vするのを避ける
11	postpone［Ving］	：Vするのを延期する
	＝ put off［Ving］	
12	practice［Ving］	：Vするけいこをする

これは、それぞれの頭文字をゴロにして、

「SFDE MEGA MAPP」(SFで目がマップップ)

と覚えておきましょう！(意味不明だけど)

3 Ving と to V原 で意味が変わる動詞

動詞には、後ろに [Ving] がきたときと [to V原] がきたときで、
その意味が変わってしまうものもあるんです。
ちょっと例文を見てください。

例文 3

① I remember seeing her at the store.

▶私はその店で彼女に会ったのを覚えている。

② I remember to see her at the store.

▶私はその店で彼女に会うのを覚えている [忘れずに会います]。

①と②の文の動詞は、どちらも remember ですね。
目的語は、①は seeing (動名詞)、②は to see (不定詞) ですが、
なんと、同じ [名詞のカタマリ] を作るのに、訳が違ってますね！
remember [Ving] は「(**過去に**) V したことを覚えている」
という意味になるのですが、
remember [to V原] は「(**未来に**) V することを覚えている [忘れずに V す
る]」という意味になるわけです！
基本的に、動名詞と不定詞には次のような違いがあるからです。

動名詞 [Ving] ＝すでに終わったこと
不定詞 [to V原] ＝まだしてないこと

後ろが動名詞か不定詞かで意味が変わってしまう動詞の代表格が、
「remember・forget・stop」の 3 つ。
次のページにまとめましたので、シッカリ覚えておきましょう！

第12講 動名詞

● POINT ●

[Ving] と [to V原] で意味が変わる動詞たち

┌─ remember [Ving]　　：V したことを覚えている
└─ remember [to V原]　：V することを覚えている [忘れずに V する]

┌─ forget [Ving]　　　：V したことを忘れる
└─ forget [to V原]　　：V するのを忘れる▼

┌─ stop [Ving]　　　　：V するのをやめる
└─ stop（to V原）*　　：V するために立ち止まる（副詞的用法 [目的]）

※ stop の後ろに [to V原]（不定詞の名詞的用法）は使えない！

4 ┃ 動名詞の意味上の主語

[Ving] も、不定詞の「It is … for him to V原」と同じように、
意味上の主語を付けることができるんですが、
所有格（my や his など）を使って表すのが基本なんですよね！
例文 4 を見てみましょう！

例文 4

Do you mind my opening the door?

▶ドアを開けてもいいですか？（あなたは私がドアを開けることを気にしますか？）

例文では、mind（文の V）するのは you（文の S）ですが、
[opening the door] をするのは私（I）ですよね。
このように、**文の主語と動名詞の主語（意味上の主語）が違うとき、**
所有格（I-my-me の 2 番目）を [Ving] の前に付けて表すんです。
口語では**目的格**（I-my-me の 3 番目）も使うので、
例文 4 は「Do you mind me opening the door?」でも OK です。

例文 ▼ forget [Ving / to V原] の例文

I'll never forget visiting Tokyo last week.
（先週東京へ行ったときのことを決して忘れません。）【すでに終わったこと】
I'll never forget to visit Tokyo next week.
（来週東京へ行くことを決して忘れません。）　　【まだしてないこと】

5 動名詞の完了形

動名詞の**完了形**は「having V_{pp}」の形で、
文の V が示す時よりも前（過去）のことを表すときに使いますよ！
不定詞の完了形（to have V_{pp}）と同じですよね。

例文 5

Tomy is proud of having married Ann.

▶トミーはアンと（**過去**）結婚したことを（**今**）誇りに思っている。

前置詞 of の後ろに、[having V_{pp}] の形が来ていますよね！
ということは、文の V が is（現在）なので、
having married Ann（アンと結婚したこと）は文の V よりも前、
つまり過去のことだとわかりますよね。

6 動名詞の否定形

最後に、動名詞の**否定形**をマスターしておきましょう！

例文 6

Jim insisted on her not going to the shop alone.

▶ジムは彼女が 1 人でその店に行くべきではないと（いうことを）主張した。

動名詞の否定形は [Ving] の直前に not を置いて、
[not Ving] にするだけで OK なんです。簡単でしょ!?

例　Tomy is proud of not having married Jane.

▶トミーはジェーンと結婚しなかったことを誇りに思っている。

動名詞の完了形 [having V_{pp}] の否定形は [not having V_{pp}]。
もうバッチリ頭に入りましたよね！

参考 重要表現：動名詞を使った熟語たち

It is no use [Ving]	：V しても無駄である
look forward to [Ving]	：V するのを楽しみに待つ
There is no [Ving]	：V することができない
on [Ving]	：V するとすぐに

CHECK問題

★ ［Ving］は S・O・C や前置詞の目的語になれる！

★ 「**SFDE MEGA MAPP**（SFで目がマップップ）」は、**O** のカタマリとして ［**to V**原］ が使えない！

★ ［Ving］と ［**to V**原］で意味が変わる動詞に注意！

問　空所に最も適する語句の番号を選びなさい。

☐ **1**　Jim's work is (　　　　) cars.
① sell　　　　② selling　　　③ sold　　　　④ to selling

☐ **2**　Dick and Nancy enjoyed (　　　　) to each other.
① talk　　　　② to talk　　　③ talked　　　④ talking

☐ **3**　Chris went out without (　　　　) a word.
① say　　　　② to say　　　③ saying　　　④ to saying

☐ **4**　I am looking forward (　　　　) you again.
① see　　　　② to see　　　③ seeing　　　④ to seeing

☐ **5**　Don't forget (　　　　) me tomorrow morning.
① to call　　　② calling　　　③ will call　　　④ will calling

ここがポイント！

★ ［Ving］の意味上の主語→**所有格＋Ving**

★ ［Ving］の完了形　　　 → having V_{pp}

★ ［Ving］の否定形　　　 → not Ving

答 **正解 = ②**　Jim's work is (selling) cars.

（訳：ジムの仕事は車を売ることです。）

★動詞が is なので、「ジムの仕事」＝「Vすること」という第2文型にしたい。よって②が正解。③だと、「Vされる」という受動態になってしまい、意味も合わないので×。

答2 **正解 = ④**　Dick and Nancy enjoyed (talking) to each other.

（訳：ディックとナンシーはお互いに話をして楽しんだ。）

★ enjoy の後ろに動詞を変化させた名詞のカタマリを持ってくるときは動名詞［Ving］を使うので④が正解。［to V_原］はダメ。

答3 **正解 = ③**　Chris went out without (saying) a word.

（訳：クリスは何も言わずに出て行った。）

★「without 〜（〜なしに）」は前置詞なので、③が正解。前置詞の後ろに［to V_原］は持ってこれないので②は×。

答4 **正解 = ④**　I am looking forward (to seeing) you again.

（訳：私はまたあなたに会えるのを楽しみにしています。）

★「look forward to ［Ving］（Vするのを楽しみに待つ）」の to は前置詞で、後ろには動名詞が入る。よって④が正解。動名詞を使った熟語（☞P.129 脚注）は超頻出なので正確に覚えてくださいね。

答5 **正解 = ①**　Don't forget (to call) me tomorrow morning.

（訳：明日の朝、私に電話するのを忘れないでね。）

★ forget は後ろが［Ving］か［to V_原］かで意味が変わる。今回は「明日の朝」のことなので、これから（未来に）することというニュアンスを持った①が正解。助動詞の後ろの V は必ず V_原なのに、Ving が来ている④は×。

分詞 ①
〜形容詞のカタマリを作る Ving と V_{pp}〜

● 今回の KEY WORD ●

形容詞のカタマリを作る Ving と V_{pp}

はいは〜い、注目〜。今回は**分詞**をやりますよ〜！

分詞とは、動詞を Ving や V_{pp} に変化させたもので…

…え、なになに？

「Ving が分詞だっていうけど、**動名詞**と形が同じじゃん」ですって!?

まあ！ なんてことを…！

今そう思った人は、一歩前へ出なさい!!!

・・・ エライ！ スゴイ!! クール!!! スルドイ!!!! エクセレント!!!!!

確かに形が似ているので動名詞と分詞はよく勘違いされるけど、

実は作っているカタマリの種類が違うんですよ！

動名詞は**名詞**のカタマリを作りますよね。

分詞は、動詞（V）を Ving（＝**現在分詞**）や V_{pp}（＝**過去分詞**）に変化させたもので、**形容詞のカタマリ**を作るというのがポイントです。

▌ 分詞は「動作っぽい」形容詞のカタマリ！

分詞は形容詞（のカタマリ）っていうのはわかったけど、

じゃあ、どんな形容詞（のカタマリ）なんでしょう？

普通の形容詞は、「大きな（形）→ブタ（名）」のように、

名詞を修飾（説明）しますよね。

a big pig　（大きなブタ）
　　説明

でも、「走っている（形）→犬（名）」とか、

「眠っている（形）→キツネ（名）」のように、

動作っぽい形容詞もあるでしょ!?

分詞を使うと、この「走っている」や「眠っている」のような、
動作っぽい形容詞を名詞に付けることができるんです。

a <u>running</u> dog（走っている犬）

a <u>sleeping</u> fox（眠っているキツネ）

形容詞は、1語のときは名詞の前に付き、
2語以上のカタマリのときは名詞の後ろに付くのが基本。▼
分詞も形容詞の働きをするので、そこは同じですからね。

	分詞		名詞		分詞		
1語	Ving Vpp				Ving ..... Vpp		2語以上

前から修飾　　　　後ろから修飾

じゃあ、まずは**分詞1語**の場合からマスターしていきましょう！

2 名詞を前から修飾する分詞

動名詞との違いに注意しながら、例文1を見てみましょう！

> 例文1

The <u>running</u> dogs are my friend's.

▶走っている犬たちは私の友人の犬です。

英文を見るときは、動詞はどれなのかを意識しましょう。
この文の動詞は？ … are ですよね！
running は ing が付いてるから動詞じゃないですよ！
じゃあ、この running は、Ving という形だから、動名詞かな？

補足 ▼ **2語以上のカタマリは名詞の後ろ！**

「to V原」は最低でも2語になりますよね。2語以上の場合は後ろから修飾するが
原則。だから、「to V原」が形容詞のカタマリを作るときは「名詞 〈to V原〉」のように、
名詞の後ろに不定詞〈to V原〉が付くわけです。

例 I had many things 〈to do last night〉 .（昨夜やることがたくさんあった。）

いやいや、動名詞なら「S・O・C・前置詞の後ろ」で
名詞のカタマリを作ってるはずですが、今回は様子が違いますね。
もちろん「be＋Ving」の進行形でもない。
ここでいきなり復習ですが、
冠詞の a[an] と the は「後ろに名詞が出てくるぞ！」っていう合図で、
名詞のカタマリを作るって覚えていますか？（☞P.46）
実は、a[an]・the の後ろには必ず名詞が出てくるんですが、
すぐ後ろに出てくるとは限らないんですよね。
「a big pig」のように、名詞の前に形容詞が入ることもあるし、
「a very big pig」と、形容詞の前に副詞が入ることもありますしね。

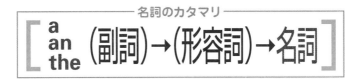

じゃあ、前ページの例文1 に戻ってみましょう！
the の働きがわかると、[The running dogs] の running は、
冠詞 The の後ろ、名詞 dogs の前にあるので、
「running（走っている）→ dogs（犬たち）」
という形容詞の働きをしている、つまり分詞だとわかりますよね。
では、続いて例文2 を見てみましょう！

例文2

Look at the broken chair.

▶壊れたイスを見なさい。

これも例文1 と同じように考えてみると、
the broken chair の部分が、
[the＋形容詞＋名詞] の形になっているのがわかりますよね！

補講 「the ＋名詞」の後ろに注意！

the は「以前に出た名詞」に付きますが、「修飾語が後ろに付いた特定の名詞」に
も付きます。つまり「I know the man …… 」ときたら、the man の後ろには、修
飾語（形容詞のカタマリ）が付くということ。これは覚えておくといいですね！

そうすると、broken は「broken（壊された）→ chair（イス）」
のように、**形容詞の働きをしている分詞**ってことですよね。
このように、V_{pp} という形の分詞（**過去分詞**という）もあるんです。
いいですか？ じゃあ、次の段階にステップアップしていきましょう！

例文1の running も例文2の broken も、
両方とも形容詞の働きをしているのはわかりましたよね。
でも、例文1が Ving で、例文2が V_{pp} なのはなぜでしょう？

…それはね、名詞と分詞の関係で決まるんです。
分詞ももともとは動詞なので、主語が欲しいですよね。
じゃあ、分詞の主語ってどこにあるかわかりますか？
…実は、**分詞の主語は、その分詞が修飾する名詞**なんです！
なにこの「灯台下暗し」的な感じ !!!
「The running dogs」では、「dogs が走る」んでしょ !?
「a broken chair」は、「chair が壊される」んですよね !?
つまり、Ving と V_{pp} の使い分けは、修飾される名詞になりきって、

　　名詞が V する[している]方なら → Ving
　　名詞が V される[された]方なら → V_{pp}

にすればいいんです！
例文1は犬になりきって、
「犬は走る方だから、running（Ving）！」とわかるし、
例文2はイスになりきって、
「イスは壊される方だから broken（V_{pp}）！」ってなりますよね！
これが Ving と V_{pp} の使い分けのコツなんです。簡単でしょ？

● POINT ●

分詞の Ving と V_{pp} の使い分け

名詞が V する[している]方なら → Ving
名詞が V される[された]方なら → V_{pp}

3 名詞を後ろから修飾する分詞

さっきは、分詞が1語で前から名詞を修飾する場合をやりましたが、
今度は、**分詞が2語以上**のカタマリを作って、
後ろから名詞を修飾する場合をやっていきましょう！

例文 3

The dogs running in the park are my friend's.

▶公園を走っている犬たちは私の友人の犬です。

この文の動詞は are ですよね。
running は「S・O・C・前置詞の後ろ」の位置にないので
動名詞じゃない。それは OK ？
もし running を動名詞だとしてしまうと、
×　The dogs ⌈running in the park⌉ are my friend's.
となって、SSVC って…何文型だよっ!!!
ってツッコミ入れたくなっちゃいますから！
主語 (S) の後ろには「**形容詞のカタマリ**」か**動詞**が来る！▼
というわけで、この running は「名詞〈Ving .....〉」という形をとって、
前の名詞「The dogs」を修飾 (説明) する分詞だとわかるんです！

The dogs 〈running in the park〉 are my friend's.
　　　　　　　　　　説明

例文1 は形容詞が running の1語しかありませんが、
この例文3 は running in the park のように、
説明が詳しくなって4語になっているところに注目！
この文のように、形容詞が2語以上のカタマリになったときは、
名詞の後ろにくっつくんです。これ忘れないようにしてくださいね！
では最後に、例文4 を見てみましょう！

図説 ▼SとVの間に〈形容詞のカタマリ〉が入る！
主語 (S) の後ろには必ず動詞 (V) がきますが、主語は名詞なので、その名詞を
修飾する形容詞のカタマリが後ろに付いて、「S〈＋形容詞のカタマリ〉V ..... 」
という語順になることも多いです。気をつけてくださいね。

Look at the chair broken by Emma.

▶ エマに壊されたイスを見なさい。

この broken という過去分詞（V_{pp}）は、

「名詞〈V_{pp} .....〉」という形で前の名詞 the chair を説明していて、

Look at the chair〈broken by Emma〉.
　　　　　　　　　　　説明

となっているんです。

「イスが壊**された**（**V された**）」という関係だから、

分詞は Ving じゃなくて V_{pp} の形になっているんですよね。

これも、名詞を説明する語が 2 語以上のカタマリになっているので、

名詞の後ろにくっついているんですね。

さあ、ここまではバッチリ頭に入りましたか？

では、ちょっと一休みということで、よくある質問に答えてみましょう。

　　名詞〈Ving.....〉

　　名詞〈to $V_{原}$ .....〉

この 2 つの違いは何なのですか？

…ということですが、

基本的には「伝わる意味の違い」だと考えておくといいです。

　　名詞〈Ving.....〉：〈**V している**〉名詞

　　名詞〈to $V_{原}$ .....〉：〈**V する**〉名詞

「名詞〈Ving〉」だと、目の前で「している」感じになるわけですね。

まさに動いているような感じね。

この違いをシッカリ押さえて、CHECK問題に行ってみましょう！

CHECK問題

第13講のまとめ

★分詞の Ving・V$_{pp}$ は形容詞のカタマリを作る！

★分詞1語なら名詞の前、2語以上のカタマリなら名詞の後ろに付く！

問　空所に最も適する語句の番号を選びなさい。

1　There is a (　　　) window in my room.

　① break　　　② to break　　　③ breaking　　　④ broken

2　A (　　　) man will catch at a straw.

　① drowning　　② drown　　　③ drowned　　　④ to drown

3　That woman (　　　) French is my aunt.

　① spoken　　　② speaking　　　③ speak　　　④ spoke

4　This is a temple (　　　) about two hundred years ago.

　① building　　② built　　　③ build　　　④ to build

5　He is a scientist (　　　) to people in the world.

　① to know　　② knowing　　　③ knew　　　④ known

★修飾される名詞になりきって、

V する［している］方 → Ving （現在分詞）

V される［された］方 → V_{pp}（過去分詞）

□**1** 正解 = ④　There is a (broken) window in my room.

（訳：私の部屋に割れた窓がある。）

★ a があるので、［a ＋形容詞＋名詞］になり、空所には形容詞の働きをする分詞が入るとわかる。窓は割られる方なので、V_{pp} の④が正解。②の不定詞は名詞の後ろに付くべきなので×。

□**2** 正解 = ①　A (drowning) man will catch at a straw.

（訳：溺れる者はわらをもつかむ。【ことわざ】）

★ A drowning man なら「溺れている人」、A drowned man なら「溺死させられた人」になる。溺死させられた人は（亡くなってるので）、わらをつかもうとすることはできません。…というわけで、①が正解。

□**3** 正解 = ②　That woman (speaking) French is my aunt.

（訳：フランス語を話しているあの女性は私のおばです。）

★この文の V は is。V (is) の前には S〈＋形容詞〉が来る。だから空所には形容詞のカタマリを作るものが入る。女性はフランス語を話す方なので、Ving の②が正解。

□**4** 正解 = ②　This is a temple (built) about two hundred years ago.

（訳：これは約200年前に建てられたお寺です。）

★①②④が形容詞のカタマリを作れる（分詞と不定詞）けど、お寺は建てられる方なので、V_{pp} の②が正解。build（建てる）-built-**built**。

□**5** 正解 = ④　He is a scientist (known) to people in the world.

（訳：彼は世界中の人たちに知られている科学者です。）

★ポイントは空所の後ろの to。know は通常「know 〜（〜を知っている）」「be known to 〜（〜に知られている）」という形で使うから、科学者が知られている方と考えて V_{pp} の④が正解。

分詞 ②
〜補語 (C) になる Ving と V~pp~ 〜

補語 (C) になる Ving・V~pp~

補語 (C = Complement) というのは、なんでしたっけ？
そう、主語や目的語の性質を説明して、
その意味を補う語 (句・節) のことですよね。
では、補語 C になれる品詞は何でしたっけ？
…そのとおり！ **名詞**と**形容詞**でしたよね。(☞P.43)

| 例 | My sister became a painter. | →**名　詞**が C |
| | My grandmother looks young. | →**形容詞**が C |

分詞は形容詞の働きなので、**補語**にもなることができるんです。
つまり、**SVC** や **SVOC** の **C** にもなれちゃうんですね！

┃ SVC の C に分詞を使う場合

では、さっそく例文1を見てみましょう！

例文1

Helen sat laughing merrily.

▶ヘレンは陽気に笑いながら座っていた。

普通、sit-sat-sat（座る）は自動詞ですが、この例文1は、
その自動詞 sat の後ろに「S の様子・状態」を表す補語 C が来て、
第2文型 **SVC** になっているんです。
第2文型 **SVC** をとる動詞は普通 be動詞なんですけど、
be動詞の代わりの自動詞が入る場合もあります。(☞P.43 脚注)
この sit も、**SVC** の文では「(S = C) の状態で**座っている**」という意味
になります。

このように、**分詞は補語 C としても使われますからね。**

第2文型は S = C という関係が成り立つのは覚えていますか？

（そのへんがあやふやな人は、第3講へ戻りましょう！）

SVC の C に分詞を使う場合は、S になりきって、

「S が C **する**[**している**]方なら→ Ving」

「S が C **される**[**された**]方なら→ V$_{pp}$」

とすれば OK。

「ヘレンは笑う方」だから、laugh を laughing として、

「Helen = laughing（笑っている）」ってな関係になってるわけですね。

逆に、S と C の関係が、「S が C **される**[**された**]」の場合、

分詞には V$_{pp}$ を使うので注意してくださいね。

例　Helen looks surprised.

▶ヘレンは驚いている（＝驚か**され**ている）ように見える。

2　SVOC の C に分詞を使う場合

分詞が SVC の C になれるのはわかりましたね？

では次に、分詞が SVOC の C になる場合を見てみましょう！

例文2

I saw Bob running.

▶私はボブが走っているのを見た。

第5文型 SVOC は、「S は、O が C するのを V する」といった意味になるんでしたよね。

だから、C に分詞を使うときは、O の立場に立って、

「O が C **する**[**している**]方なら→ Ving」

「O が C **される**[**された**]方なら→ V$_{pp}$」

にすればいいんです。

例文2 は、「ボブは走っている方→ running」となり、

「Bob = running（走っている）」という関係になってるんですね。

ちなみに、「O が C される[された]」という関係なら、
当然、分詞は V_{pp} になりますからね！

例　**Paul heard his name called.**

　　▶ポールは自分の名前が呼ば**れる**のを聞いた。

この例文では、「**彼の名前**は呼ば**れる**方 → called」となり、
「his name ＝ called（呼ばれる）」の関係ができていますよね。
さて、分詞はこのように、**SVC** や **SVOC** の C になれますし、
S[O] と C の関係で分詞が Ving か V_{pp} かが決まりますからね。
SVOC の V には、see・hear・feel などの**知覚動詞**が来ることが多い
ので、これらの動詞を見たら、
「**SVOC** の文かも！ C には分詞（または $V_原$）が来るかも！」
と考えるようにしましょう！▼

3　分詞を使った重要表現 ～付帯状況の with O C～

分詞を使った重要表現がいくつかあるんですよね。
まずは「with O C」からですが、
with は後ろに O ＋ C（前置詞の目的語＋その補語）を持ってきて、
「**with O C：O を C の状態にして**」
という意味を出すことができるんです。
これを「<ruby>付帯状況<rt>ふ たいじょうきょう</rt></ruby>の with」というんですよね。
C の位置には**形容詞の働きをするもの**
（＝「形容詞」「前置詞＋名詞」など）を置くので、
形容詞の働きをする分詞を置くこともできますよ。

例文 3

Laura spoke with her eyes closed.

　　▶ローラは目を閉じて話した。

補足 ▼「S＋知覚動詞＋O＋C」の C には分詞も OK
　知覚動詞は、第 5 文型 **SVOC** をとれる動詞です。この C の位置に「to $V_原$」が来
たときは、to を省略して「$V_原$」にするというルールは前にやりましたよね
（☞P.120）。この $V_原$ の代わりに分詞が入ることもあるわけですね。

「with O C」の形で、「her eyes を closed の状態にして」
という意味になっていますよね。
この C に分詞が置かれるとき、
Ving と V_{pp} のどちらが置かれるのかという区別は、
with の後ろの名詞（O）になりきって、

　　　「O が C する[している]方なら→ Ving」
　　　「O が C される[された]方なら→ V_{pp}」

にすればいいんです。
目は人間の意思によって閉じ**られる**方なので、V_{pp} を使うんですね。
一方、O が C す**る**[している]方のときは Ving を使うから要注意！

例　**Charles left his car** with the engine running. ▼
　　▶チャールズはエンジンをかけっぱなしで車を離れた（エンジン＝動いている）。

最後に、分詞を使ったその他の慣用表現を押さえて終わりにしましょう。

● POINT ●
分詞を使った慣用表現

☐ keep (on) Ving　　　　　　　　：V し続ける
☐ be busy (in) Ving　　　　　　 ：忙しく V する
☐ spend 時間 (in) Ving　　　　 ：V して時間を過ごす
☐ make oneself understood　 ：理解してもらう

ここまでちゃんと頭に入ったかどうか CHECK問題で確認しましょう！

補足 ▌▼ **進行の意味を出したいときは Ving を使う**
この「with the engine running」は、「エンジンはかけ**られる**方だから V_{pp} になるんじゃないの？」と思う人が多いですが、「エンジンが動い**ている**状態にして」という**進行**の意味を出したいため、ここでは Ving を使います。

CHECK問題

第14講のまとめ

★ C は S や O の様子・状態を表す！（S[O] = C）

★分詞（Ving・V$_{pp}$）は C になれる！

★分詞は「with O C」の C になれる！

問　空所に最も適する語句の番号を選びなさい。

☐**1** The girl came （　　　） to me.
　① run　　　　② ran　　　　③ running　　　④ to run

☐**2** I kept John （　　　）.
　① waiting　　② waited　　③ wait　　　④ was waiting

☐**3** Jim spent the night （　　　） to music.
　① listen　　　② listening　　③ listened　　④ to listen

☐**4** I had my wallet （　　　） in the museum.
　① steal　　　　② stole　　　③ stolen　　　④ stealing

☐**5** Her words made me （　　　）.
　① to disappoint　　　　② disappoint
　③ disappointing　　　　④ disappointed

★ SVC なら S になりきって、SVOC なら O になりきって、with O C なら O になりきって、C が Ving か V_{pp} かを決定する！

答1 正解＝③　The girl came (running) to me.
　　　　　　（訳：その女の子は私のところへ走って来た。）
★ came という自動詞の後ろに、S の様子・状態として C を持ってきた文。The girl は run する方なので、Ving の形の③が正解。④の「come to V_原（V するようになる）」は意味的に合わない。

答2 正解＝①　I kept John (waiting).
　　　　　　（訳：私はジョンを待たせておいた。）
★「keep O C（O を C にしておく）」という第 5 文型。「"ジョンが待つ"という状態にしておいた」という意味だから、ジョンは自分の意思で待つ方と考えて①が正解。

答3 正解＝②　Jim spent the night (listening) to music.
　　　　　　（訳：ジムは音楽を聞いてその夜を過ごした。）
★「spend 場所 (in) Ving」で「V して 場所 を過ごす」の意味。分詞を使った慣用表現（☞P.143）は頻出なので要注意！

答4 正解＝③　I had my wallet (stolen) in the museum.
　　　　　　（訳：私は美術館で財布を盗まれた。）
★使役動詞 have を使った文。使役動詞は SVOC の第 5 文型をとるので、C の位置に分詞を使うことができる。財布は盗まれる方なので、V_{pp} の③が正解。応用問題だけど、できた？

答5 正解＝④　Her words made me (disappointed).
　　　　　　（訳：彼女の言葉は私を失望させた。）
★ make O C（O を C にする）を使った文。「disappoint 〜」は「〜を失望させる」という他動詞なので、「私＝失望させられている」という意味になる④が正解。③にすると、「私＝（誰かを）失望させている」となってしまうので×。

第14講　分詞②

145

接続詞 ①
~並べる接続詞~

● 今回の KEY WORD ●

並べる接続詞 = and・or・but

英文って、１文がものすごく長〜く見えるときがありますよね。
長い理由は、いくつも文がつながってたりするからなんです。
そういった文（文の要素▼）をつなぐ働きをしているのが、
何を隠そう、この「接続詞」なんです！

Ⅰ 並べる接続詞 and・or・but

接続詞とは、文字どおり２つの文を接続する語のこと。
まずは「並べるタイプの接続詞」をやります。
並べるタイプの接続詞は、簡単に言うと、
次のように、後ろと前で「同じ形」を並べるんです！

　　○ and ○ 　／ 　△ or △ 　／ 　□ but □

といっても、いまいち意味不明だと思うので、
取りあえず例文1 を見てみましょう。

例文1

> Kate closed the window and I locked the door.
> ▶ケイトが窓を閉じ、私がドアに鍵をかけた。

よ〜く見ると、この文には並べる接続詞の and が入っていますね。
この文のように、文中に「並べる接続詞」があるときは、
最初に何と何を並べているのかをチェックしなきゃいけないんです。

参考 ▼ 文の要素＝語・句・節

・語（ご）…１つ１つの単語のこと。
・句（く）…動詞のカタマリではない（＝名詞・形容詞・副詞のカタマリである）
　　　　　　部分のこと。「前置詞＋名詞」、不定詞、動名詞、分詞など。
・節（せつ）…動詞（主語＋述語）を含むカタマリ（≒文）のこと。

146

チェックは必ず and の後ろからするのがポイント！
後ろを見ると、「I locked the door」という
完成した文（SVO）があるのがわかりますよね。
つまり、今回の and が並べているのは、
「**前の文**と**後ろの文**」ですよと教えてくれているんです。
並べられているものを｛　｝で囲ってみると、

　　｛① Kate closed the window ｝ and ｛② I locked the door ｝.

という構造になっているのがわかりますよね！
ここでさりげなく重要なのが、「意味をとる順番」！
and などの並べる接続詞は、この文のように、
前が①、後ろが②のような順番を作るので、
必ず①→②の順番で意味をとる必要があるんです。▼
このルールを守れば、
｛① ケイトが窓を閉じ ｝、（そして）｛② 私がドアに鍵^{かぎ}をかけた ｝。
のように、完璧に理解することができますからね。

さて、並べる接続詞は、「同じ形」を並べるってさっき言いましたよね。
すると、「**同じ形だし、同じ語句は省略してもわかるでしょ!?**」
ということで、**並べる接続詞の前後では省略が起こる**んです！

例　　He ｛① opened ｝ and ｛② closed ｝ the door.
　　　▶彼はそのドアを開け閉めした。

このような文を長文ではよく見かけますよね。
実は、この文は省略が起こっているのですが、
どこに何が省略されているかわかりますか？
並べる接続詞の前後では、**違う語句（opened と closed）は残り**、
同じ語句（He と the door）の片方は省略されるんです。

> ### 補足 ▼ 並べる接続詞は前から順番に訳す
> 並べる接続詞は必ず前から順番に訳してください。それは、出来事が起こった順番や、作者が伝えたい順番で書いてあることが多いから。順番を逆に訳すと意味不明な文になる場合もあるから要注意です。ちなみに、and を「そして」と訳すとクドイときは、例文1の訳のように省略して OK です。

147

省略は次のような感じで行われますからね。

接続詞の前　：違う語句より前が残る
接続詞の後　：違う語句より後が残る

つまり、元の文はこんな感じ。

He opened (the door) and (he) closed the door.
前が残る　　　　　　違う語句　　　　　　後が残る

簡単に言うと、「He opened and closed the door.」の He（主語）と the door（目的語）は、2つの動詞が共有しているということですね。
難しい長文はこのタイプの省略が多くて、
翻訳業者でも誤読して訳を間違えることがあるんですよ（本当）。
この省略が見抜けるかどうかは、ものすごく重要なので、
並べるタイプの接続詞が出てきたら、
何を並べているのか必ずチェックしましょう！
よし、では重要な話も終わったところで、
あとはサクサクと例文を確認していきましょう！

例文 2

He wanted to sell the car and buy another one.

▶彼はその車を売って、他の車を買いたがっていた。

この文は、and の後ろに buy という動詞が来てますよね！
ということは、**前の動詞の部分と並べている**ということですね。
よく見ると buy は過去形（bought）じゃないので、
wanted ではなく、sell と並べているとわかるんです。

He wanted to { ① sell the car } and { ② buy another one } .

こうすれば、He は、
最初に「その車を売ること」をしたがっていて、
売った後に「車を買うこと」をしたがっていた
という物事の順番がズバッと読みとれますよね。
では、次に or を見てみましょう！

Do you swim in the sea or in the river?

▶あなたは海で泳ぎますか、それとも川で泳ぎますか。

さっそく or の後ろをチェックすると、
前置詞の作るカタマリ（in the river）がありますね。
……ということは、並べているのは「同じ形」のものだから、
or の前にある（前置詞のカタマリ）ですよね！

Do you swim { ① in the sea } or { ② in the river } ?

このように、or も and と同様に後ろと前で同じ形を並べるんですね。
さて、今度は but を見てみましょう！

Kuro is poor but happy.

▶クロは貧しいが、幸せだ。

but も並べる接続詞なので考え方は今までと同じ。
つまり、poor と happy という形容詞を並べているってわけですな。

Kuro is { ① poor } but { ② happy } .

ここで1つ覚えておいてほしい but の重要事項登場！
but が並べたものは、イメージが逆になることが多いんです！
例文4もイメージが逆になっているという点をチェックしましょう。

「（マイナスイメージ）poor ← but → happy（プラスイメージ）」

じゃあ、今度は例文5に挑戦！

Helen got up early, went to school and talked with her friends after school.

▶ヘレンは早起きし、学校へ行き、放課後に友達とおしゃべりをした。

ちょっと長くて、ちょっと複雑な文に見えますね。

第
15
講
接続詞
①

149

実はこれ、「同じ形」のものが３つ並んでいるんです。

and のような並べる接続詞は、

たくさん「同じ形」を並べることもできるんです。

この例文では、and の後ろに動詞の過去形 talked があるので、

前にある動詞の過去形 went と並べているのがわかりますよね。

でも、その went の前にカンマ（ , ）が付いて

「 , went」になっているのに気づきました？

こんなふうに、並べている部分の直前にカンマが付いているときは、

もう１つ並べているものがあるという目印なので注目っ！

> Helen { ① got up early } , { ② went to school } ,
> and { ③ talked with her friends after school } .

このように、並べるものが３つ以上ある場合は、

「① and ② and ③ and ④ and ⑤」という形ではなく、

「① , ② , ③ , ④ and ⑤」のように、

最後だけ and にして、あとはカンマでくっつけるのが基本ですからね！

超重要事項なので、絶対に忘れないように！

よし、では次は「文と文」を並べて

特殊な関係を作る for と so へ突入といきましょうか！

2 並べる接続詞 for・so

並べる接続詞には、for と so もあるのですが、

この２つは「文と文」を並べることしかできないんです。

その代わり、特殊な関係が加わるスゴイやつなので、覚えてあげてください ね。

● POINT ●

並べる接続詞 for と so

☐ ....., for S V：..... 。というのも、S が V するからだ。

☐ ....., so S V ：..... なので、（その結果）S は V する。

さっそくですけど、例文を見ていきましょうかな。

Mike went home early, for he wanted to watch TV.

▶マイクは早く帰宅した。というのは、テレビを観たかったからだ。

この文には、次のような形と関係があるんです。

{ ① Mike went home early } , for { ② he wanted to watch TV } .
{ ① 結果 } , for { ② 原因・理由 } .

for が「原因・理由」を表す文をつなげているわけですね。
ちなみに、この原因・理由を表す for は、英文では見かけますが、
口語ではあまり使わないんです。
「…なので」と強い「原因・理由」を表す場合、
口語では普通 because を使います。

例　Mike went home early because he wanted to watch TV.

では、次に so の例文も見ていきましょう！

I missed the bus, so I was late for the meeting.

▶私はバスに乗り遅れたので、会合に遅刻した。

この文の形と関係は、次のような感じですよね！

{ ① I missed the bus } , so { ② I was late for the meeting } .
{ ① 原因・理由 } , so { ② 結果 } .

この文も特に問題はないですよね。
ただし、for も so も①と②の関係には注意して読みましょう！
長文の内容一致問題では、この①と②の関係を
逆にした選択肢がでてくることがよくあるんです。
正確に読む訓練で、確実に得点源にしていきましょう！
いいですかな？　では、CHECK問題に Let's go ！

第15講
CHECK問題

★ and・or・but・for・so = 後ろと前で同じ形を並べる

★ 3つ以上並べるとき = ① , ② , ③ , ④ and ⑤

★ 同格の that = 名詞 〈that S V ..... 〉:〈S が V するという〉名詞

問1 空所に最も適する語句の番号を選びなさい。

☐① I know him (　　　　) he doesn't know me.

　　① and　　　　② but　　　　③ or　　　　④ so

☐② She has two dogs (　　　　) five cats.

　　① and　　　　② but　　　　③ or　　　　④ for

☐③ Which do you like better, milk (　　　　) coffee?

　　① and　　　　② for　　　　③ or　　　　④ so

☐④ It's very cold, (　　　　) don't open the window.

　　① and　　　　② but　　　　③ for　　　　④ so

問2 次の英文を和訳しなさい。

☐⑤ Jack and Betty sang, danced and drank happily.

☐⑥ Both you and I got up early this morning.

★関係詞の前にカンマがある場合は、カンマまでを先に訳し、カンマ以降を補足説明のように訳す。

答1 正解＝②　（訳：私は彼を知っているが、彼は私を知らない。）
★空所の前が肯定文で、空所の後ろは否定文になっている。肯定文と否定文のように、この中で逆のイメージをつなぐのは but のみ。

答2 正解＝①　（訳：彼女は2匹（ひき）の犬と5匹の猫を飼っています。）
★「文と文」「名詞と名詞」のように、前と後に同じ形を並べる場合には、並べるタイプの接続詞を使う。ここでは、two dogs と five cats を並べているので、and が正解。

答3 正解＝③　（訳：あなたは牛乳とコーヒーのどちらより好きですか？）
★ milk と coffee と同じような名詞が並んでいて、どちらがいいかを聞いているので、「A または B」を表す or が正解。

答4 正解＝④　（訳：とても寒いので、窓を開けないでください。）
★「It's very cold」が「原因・理由」で、「don't open the window」がその「結果」の文なので、両方の文を並べる so が正解。

答5 正解＝ジャックとベティは、楽しく歌って踊（おど）ってお酒を飲んだ。
★前の and は Paul と Betty を並べている。後ろの and は sang・danced・drank という3つの動詞を並べているので、副詞 happily は drank だけではなく sang と danced にもかかる。

答6 正解＝今朝、あなたも私も早く起きました。
★ both A and B（A と B の両方とも）という接続詞表現。either A or B（A か B のどちらか）と一緒に覚えておきましょう。

接続詞②
～副詞のカタマリを作る接続詞～

● 今回の KEY WORD ●
基本的にすべての接続詞

前回は「並べるタイプの接続詞」をやりましたが、
今回は右ページの一覧にあるような、
（副詞のカタマリ）を作る接続詞をマスターしちゃいましょう！

Ⅰ 副詞のカタマリを作る接続詞

まず最初に押さえておいてほしいのが、
英文の原則は「**1つの文に使える動詞は1回だけ**」ということ。▼
だから、長～い英文が出てきても、動詞の数を数えれば、
いくつの文がくっついてできた文なのかがわかるんです。
「動詞の数＝文の数」なんですね。
それを踏まえて、例文1を見てみましょう。

例文1

As I was so tired, I went to bed early yesterday.

▶私はとても疲れていたので、昨日は早めに床についた。

動詞の数をチェックしてみると…
おや？ was と went、動詞が2つもある！
だから、この文は2つの文がくっついているとわかりますよね。
そして、**文と文をつなぐときは、必ず接続詞が必要**なんです。
この文の接続詞はどれかわかりますか？

補足 ▼「1つの文」とは？
「1つの文」というのは、文頭の大文字から始まる単語の後、ピリオド（.）までの部分のこと。ピリオド（.）の代わりに、クエスチョンマーク（？）やエクスクラメーションマーク（！）が入る場合もあります。途中にカンマ（,）があっても、文は続くので注意してくださいね。

（副詞のカタマリ）を作る接続詞【特選20】

1	when S V	：S が V するとき	〈時〉
2	before S V	：S が V する前に	〈時〉
3	after S V	：S が V した後に	〈時〉
4	while S V	：① S が V する間に	〈時〉
		② S が V する一方で	
5	until [till] S V	：S が V するまでずっと	〈時〉
6	since S V	：① S が V するので	
		② S が V して以来	〈時〉
7	as S V	：① S が V するので	
		② S が V するとき	〈時〉
		③ S が V するにつれて	〈時〉
		④ S が V する（のと同じ）ように	
8	by the time S V	：S が V するまでに	〈時〉
9	as soon as S V	：S が V するとすぐに	〈時〉
10	as long as S V	：① S が V する間は	〈時〉
		② S が V するならば	〈条件〉
11	if S V	：もしも S が V するならば	〈条件〉
12	unless S V	：S が V しない限り	〈条件〉
13	as far as S V	：S が V する限り	〈条件〉
14	in case S V	：① S が V する場合は	〈条件〉
		② S が V する場合に備えて	
15	because S V	：S が V するので	
16	(al)though S V	：S が V するけれども	
17	whether S V (or not)	：S が V しようとしまいと	
18	in that S V	：S が V するという点で	
19	now that S V	：今やもう S は V するので	
20	even if S V	：たとえ S が V したとしても	

↓2～3語のカタマリで1つの接続詞の働きをするものもあります。

第 **16** 講

接続詞②

参考 ┃ **接続詞は2種類！**

接続詞には（専門的に分類すると）次の2種類があります。
①**等位接続詞**…文の要素を並べるタイプの接続詞（**and・or・but**）
②**従位接続詞**…**副詞**や**名詞**のカタマリ（＝補助的な**従節**）を作り、**主節**（＝話し手が最も伝えたい文）につなげる接続詞。

As は、「as S V（S は V するので）」といった形で、
副詞のカタマリを作ることができる接続詞なんです。
実は、接続詞の基本的な働きは、
「，や．などの文の切れ目まで（副詞のカタマリ）を作る」
というものなんですね。
例文1では、接続詞 As の後ろにある，が文の切れ目。
副詞のカタマリを（　）でくくると、次のようになります。

（As I was so tired）, I went to bed early yesterday.

▶ （私はとても疲れていたので）、私は昨日は早めに床についた。

（As I was so tired）の部分は（副詞のカタマリ）なので、
メインの文（＝主節）ではありません。▼
メインの文は「I went to bed early yesterday.」の部分です。
じゃあ、今度は例文2を見てみましょう。

例文 2

I went to bed early yesterday as I was so tired.

▶私はとても疲れていたので、昨日は早めに床についた。

まず、**動詞の数をチェック！**
……すると、went と was の2つを発見！
次に、**接続詞を探す**と、今度は文中に as がありました！
接続詞は，や．まで副詞のカタマリを作るんでしたよね。
今回は as の後ろにある．までを副詞のカタマリにして、

I went to bed early yesterday（as I was so tired）.

となるんです。
…あれ？　この文、例文1と同じ意味じゃね？
例文1の（as I was so tired）が、後ろに来ただけじゃね？

参考　▼ **主節と従節**

「節」というのは、「主語＋述語」を含む（＝つまり V を含む）カタマリのこと。「文」
とほぼ同じものだと考えていいでしょう。話し手が最も伝えたいメインの節を
「主節」といい、主節につなげる補助的な節を「従節（従属節）」といいます。接
続詞が作る副詞［名詞］のカタマリは「従節」です。

と思った人、その場で立ちなさい！

…そのとーり！　スルドイ!!　ビンカン!!!　エライ!!!

実はそこが、接続詞のポイントの１つでもあるんです。

接続詞は基本的に副詞（という修飾語）のカタマリを作るので、

（副詞のカタマリ）が、例文１のように主節の前にあったり、

例文２のように主節の後ろにあったりするんです。

つまり、副詞のカタマリは、文の前と後ろの両方に（時には文中にも）

置くことができるというわけなんです！

> （As I was so tired）, I went to bed early yesterday.
>
> = I went to bed early yesterday（as I was so tired）.
>
> ▶ （私はとても疲れていたので）、私は昨日は早めに床についた。

ここで混乱しちゃう人が多いんですけど、もう大丈夫ですよね。

さて、ここで大事なお知らせがございます。

例文２は（副詞のカタマリ）が**後ろ**にあるのに、

なぜ「（**私はとても疲れていたので**）、私は昨日は早めに床についた。」と

いう訳（＝例文１と全く**同じ訳**）になるのでしょうか？

その理由は、日本語の特性にあるんです。

日本語は、「とても→**大きな**→**河童**」のように、

「副詞→**形容詞**→**名詞**」の語順が基本なんですね。

副詞の部分を最初に言う傾向があるわけです。

故に、接続詞が副詞のカタマリを作ったときは、

「**副詞のカタマリから先に和訳すると、きれいな日本文になる**」

というわけなんです。▼

こういったコツがわかると、「和訳」に強くなりますからね。

参考 ▼ きれいな和訳のコツ（主語は片方だけ残す）

主節と従節の主語が同じ場合は、どちらか一方の主語を省略しましょう。

例　（**私はとても疲れていたので**）、私は昨日は早めに床についた。

→ （私はとても疲れていたので）、**私は**昨日は早めに床についた。

→ （**私は**とても疲れていたので）、私は昨日は早めに床についた。

2 時や条件を表す副詞のカタマリ

はい、「（副詞のカタマリ）を作る接続詞【特選20】」(☞P.155) を
もう一度シッカリ見て、覚えちゃってください。
代表的な接続詞を覚えたところで、
次は接続詞の超重要ルールをマスターしましょう！

> 例文 3

① If it is fine tomorrow, we will climb the mountain.

② We will climb the mountain if it is fine tomorrow.

▶もし明日晴れたら、私たちは山に登るつもりだ。

まず、**動詞の数からチェック**していきましょうか。
動詞は 2 つ（is と climb）ありますね。
そして接続詞を探してみると、
やっぱりいました、「if S V（もしも S が V するならば）」がっ‼
さっそく**切れ目**まで（副詞のカタマリ）にしてみると、

　　① (If it is fine tomorrow) , we will climb the mountain.
　　② We will climb the mountain (if it is fine tomorrow) .

となるので、①も②も、「（もし明日晴れたら）、私たちは山に登るつも
りだ。」とバッチリ意味がとれましたね。▼

さあ、ここで 1 つ注意しておきたいことがあるんです。
この例文を見て、おかしな部分に気がつきませんか？
この文は tomorrow が付いた、**未来を表す文**ですよね。
だからカタマリではない方の文は will climb になっています。
でも、**カタマリの中の動詞には will が付いていない**んです。

参考 ▼「それは」と訳さない it

この文の it は、前の文の名詞を指しているわけじゃなく、文の後ろに［to V原］
などのカタマリもないので、特に意味は持ちません。「天気・時間・距離・明暗・
寒暖」などの話をするときは、この意味のない it を S にします。

これは、ミスプリではないんです！
実は、接続詞には絶対に覚えておかなければならない、
あらゆる試験に頻出の、超重大ルールがあるのです！

● POINT ●

接続詞の超重大ルール

〈時〉や〈条件〉を表す（**副詞のカタマリ**）の中は、
未来の文でも現在形で書く！

① 〈時〉を表す接続詞
　　when・before・after・as・while・since など

② 〈条件〉を表す接続詞
　　if・unless・as far as・in case など

※①や②の接続詞は、P.155 の右側に〈時〉や〈条件〉とあるものが代表例！

このルールは何回も声に出してシッカリと覚えておいてくださいね！
ちなみに、〈時〉や〈条件〉を表す（副詞のカタマリ）の中の時制が
現在の文なら**現在形**で、**過去**の文なら**過去形**で、普通に表します。
上にある「接続詞の超重大ルール」は、
あくまでも「**未来の文なのに現在形**」という例外ルールなので、
これを知らないと、未来の話なのに現在の話だと誤読してしまう。
だから要注意なんですね。
よし、では次はもっと長い文に挑戦しましょう！

3 複数の接続詞を含む文

例文 4

If you want a camera, I will buy one for you because
I have not given you a birthday present yet.

▶もしカメラが欲しいなら、まだ誕生日プレゼントをあげていないので、私があなた
に買ってあげましょう。

いよいよ**長文**読解で苦戦しそうな長さの文になってきましたね！

第16講　接続詞②

でも大丈夫。

いつものように**動詞の数からチェック**していきましょう。

この文の動詞［助動詞＋動詞］の数は、

want、will buy、have not given の３つ。

「助動詞＋動詞」も１つの動詞（のカタマリ）ですからね。

ということは、**接続詞は２つ必要**になる予感がしますよね。

接続詞は文と文をつなぐ働きをしているんですよね。

１つの文には動詞は１回しか使えないので、

動詞が３つあるということは、

３つの短い文がくっついてできた文だとわかるんです。

そして、３つの文をつなぐためには、

「**S V 接続詞 S V 接続詞 S V**」のように、

２つの接続詞が必要になるでしょ!?

接続詞の数は「動詞の数－１」個なんですよね。

これさえわかれば、もう大丈夫！

接続詞を探してカタマリを作ってみると、

　　①If you want a camera), I will buy one for you

　　②because I have not given you a birthday present yet).

のように、（副詞のカタマリ）が２つ出てきましたよね。

こんなときは、**カタマリを①→②の順に訳して**、

最後にカタマリに入っていない部分を訳してあげればいいんです。

そうすれば、例文４の和訳例のようになりますよね。

● POINT ●

副詞のカタマリを訳す場合の順番

★カタマリが２つ以上あるときは、前のカタマリから順番に訳す！

英文　（① 接続詞 S V ），　S V （② 接続詞 S V ）.

和訳　▶（　①　）→（　②　）→　S V

ここまではバッチリ理解できましたかな!?

ちなみに、「１つの文には動詞は１回」というルールは、

「接続詞の省略」「関係詞の省略」や、
「使役動詞」のような特殊語順になる文法を見抜く
極めて重要な手掛かりにもなるので絶対に忘れないでくださいね。▼

では、取りあえずここまでの内容が理解できたかどうか、
次の例文5は自分で訳してみましょうか。
それでは、はじめっ!

例文5

Something bad will happen if you do not do as you are told.

▶（自分で和訳してみましょう!）

まずは、動詞［助動詞＋動詞］の数からチェックですね。
今回も動詞は次の3つ!

will happen、do not do、are told（受動態）

ほほう。ということは、**接続詞は2つになるんですな!?**
おお! **if** と **as** をバッチリ発見しましたぜ親分!
そこで、両方とも**文の切れ目までカタマリ**にしてみると……。

Something bad **will happen**
（① **if** you do not do（② **as** you are told））.

おお!? （**カタマリ①**）の中に（**カタマリ②**）**がある**変な形出現っ!
しかし、こんなときこそ落ち着きましょう。
こんなときは、次の語順で訳してあげれば正確な意味がとれるのです。

①の動詞の前まで訳す→②を全部訳す→①の残りを訳す。

これを実際にやってみると、

第 16 講 接続詞②

参考 ▼**「使役動詞」は特殊は語順を取る!**
使役動詞は特殊な語順を取り、動詞が2回登場します。
☐ make ～ $V_原$ （～に V させる）
☐ have ～ $V_原$ （～に V してもらう）
☐ let ～ $V_原$ （～が V することを許す）

（① if you do not do（② as you are told））.

▶ （①もしあなたが、（②あなたが言われたように、）①しないなら）、

みたいな感じですね。
そして、最後にカタマリに入っていない部分を訳せば完成！

Something bad will happen

▶何か悪いことが起こるだろう。

ということで、例文5の訳は、「もしあなたが、（あなたが）言われたように
にしないなら、何か悪いことが起こるだろう。」となりますね！

接続詞がわかれば、文構造がスラスラわかるようになるでしょ!?
「わかるようになる！　＝楽しくなる！　＝英語が得意になる！」
の等式が成り立つので、この授業でシッカリマスターしましょう！

では、最後に難関大の長文でよく見られる「**カンマがない場合**」の「**文
の切れ目**」**発見法**をやって終わりにしましょう！

4 ┃ カンマがない場合の「文の切れ目」発見法

接続詞は、（副詞のカタマリ）を作るのが基本ですよね。
そして、そのカタマリは**カンマ[ピリオド]まで**が基本。
しかし！　接続詞が（副詞のカタマリ）を作って文頭にあるくせに、
カンマ（ , ）が姿を隠している場合もあるんです。
例文6を見てみましょう！

例文6

When I was a child I wanted to be a painter.

▶子供だったとき、私は画家になりたかった。

この文みたいに、「**接続詞のカタマリはここまで！**」
と教えてくれる**カンマ（ , ）**が**文中にない**場合もたまにあるんですよね。
でも、そんなイジワル（？）にも負けず、

私たちは「接続詞のカタマリはここまで！」と、
「文の切れ目」を正確に発見しなくちゃいけない。
そんなときは、次の超重要ルールを使って発見してみましょう！

「文の切れ目」の超重要ルール

① 接続詞の付いていない文（主節）の前には文の切れ目がある。
② 主節の S V の前に持ってこれるのは**副詞**だけ。

（副詞）S V ..... .

カンマがなくて困ったときには、
このルールを思い出して自分で文の切れ目を発見しましょう！

さて、ではそろそろ忘れ去られた例文6の解説をしましょうか。
例文6の動詞は was と wanted の2つで、
接続詞は When ですよね。▼
I was の前に When があるので、
I was は（when S V）の S V だとわかる。
I wanted to ..... の前には接続詞がないので、この文が主節ですね。
主節の S V の前には文の切れ目があるというルールがあるので、
When のカタマリは I wanted の前までとわかるんです。

（When I was a child）I wanted to be a painter.

これで接続詞〜副詞のカタマリ編〜に関してはバッチリですよね！
長文マニアになる日もそう遠くない！
バッチリ復習をしたら、CHECK問題へ Let's go!

第 **16** 講 接続詞②

注意 ▼ **動詞でも、前に to が付いたら動詞じゃない！**

動詞は前に to が付いたら動詞じゃなくなります。「to be」の be は前に to が付いているから動詞ではありません。動詞の前に to が付くと、**不定詞**というものになって、「①名詞のカタマリ／②形容詞のカタマリ／③副詞のカタマリ」の働きをします。

第16講

CHECK問題

第16講のまとめ

★時や条件を表す（副詞のカタマリ）の中→**未来の文でも現在形**
★カタマリが2つ以上のときは、前のカタマリから順番に訳せ！
★接続詞の付いていない文（主節）の前には文の切れ目がある！

問1 次の文の空所に最も適する語句の番号を選びなさい。

☐ **1** (　　　) she was poor, she was happy.
 ① Because   ② Though
 ③ Since   ④ As

☐ **2** Let's wait (　　　) the next train comes.
 ① when   ② as soon as
 ③ if   ④ until

問2 次の英文の間違いを訂正しなさい。

☐ **3** I will go to the movies with him if he will come here next week.
（もし来週彼がここに来たら、私は彼と映画に行くつもりだ。）

問3 次の英文を和訳しなさい。

☐ **4** Jim ran away as soon as he saw his father.

☐ **5** As my aunt loves dolls she buys a new one every month if she has some money.

★空所に接続詞を入れる問題は、（カタマリの中の文）とカタマリの外の
文（主節）との関係をシッカリと考えてから入れましょう！

答1 正解＝②　（訳：貧しかったけれども、彼女は幸せだった。）
★（副詞のカタマリ）の中は「彼女は貧しかった」というマイナスイメー
ジの文だが、主節は「彼女は幸せだった」と、プラスイメージの文に
なっている。したがって、「**S** は **V** する**けれども**」という逆のイメージ
の文をくっつける②が正解。

答2 正解＝④　（訳：次の電車が来るまで、待ちましょう。）
★文法的には全部入るので、意味から答えを出す。「次の電車が来る
まで（ずっと）待ちましょう」になれば意味が通るので、正解は④。

答3 正解＝ will come → comes
★**時や条件を表す（副詞のカタマリ）の中では未来の文でも現在形に**
しなければならないので、will come を comes に直す。

答4 正解＝父親を見るとすぐに、ジムは逃げた。
★動詞が２つ（ran と saw）あるので、接続詞を探すと as soon as **S V**
が発見できる。接続詞から文の切れ目まで副詞のカタマリを作り、カ
タマリから先に訳すとうまくいく。

答5 正解＝私のおばは人形が大好きなので、お金を持っていると、毎月１
　　　　体新しい人形を買います。
★動詞が３つ（loves・buys・has）なので、接続詞は２つ（As・if）必要。
主節の she buys の前には文の切れ目があるので、（As ..... ）のカタマリ
①は she の前で終わる。（if ..... ）のカタマリ②はピリオドで終わる。
副詞を先に、出てきた順に訳すので、「カタマリ①→カタマリ②→主
節」の順で訳すとうまくいく。

接続詞 ③
～名詞のカタマリを作る接続詞～

● 今回の KEY WORD ●

① [that S V] ② [if S V] ③ [whether S V]

接続詞は、（副詞のカタマリ）を作るのが基本なのですが、
3つだけ [名詞のカタマリ] も作るやつがいるんです。
それを最初に覚えてもらってから例文を見ていきましょう！

● POINT ●

[名詞のカタマリ] も作る接続詞

① [that **S V**]　　　：**S** が **V** するということ
② [if **S V**]　　　：**S** が **V** するかどうか（ということ）
③ [whether **S V**]　：**S** が **V** するかどうか（ということ）

【参考】（副詞のカタマリ）
① （that **S V**）　　　　　　：**S** が **V** するなんて《判断の根拠など》
② （if **S V**）　　　　　　：もしも **S** が **V** するならば
③ （whether **S V (or not)**）：**S** が **V** しようとしまいと

この that・if・whether は、（副詞のカタマリ）も作るけど、
[名詞のカタマリ] も作れるという点が要注意なんですね！

1 that S V

ではさっそく例文1 から見ていきましょう！

例文1

That he studies English now is a good idea.

▶彼が今英語を勉強するというのはいい考えだ。

この文にある動詞は **studies** と **is** ですよね。

英文をザッと見ると、文頭の**接続詞 That** が、
is の前まで [名詞のカタマリ] を作っているのがわかりますかな!?

  [That he studies English now] is a good idea.

え？ 何で [名詞のカタマリ] ってわかったかって!?
……それは、is の前には主語が欲しいのに、
今回は**主語になる名詞がない**からなんです。
is の前にある名詞 English は主語ではない。
「study 〜」で「〜を勉強する」なので、
English は studies の目的語になっていますからね。
そして、studies の前の he は studies の主語。
動詞 is の前にも主語が欲しい！ 欲しいったら欲しいっ！

では、何が is の主語になっているかというと、
接続詞 That が [名詞のカタマリ] を作って、
[主語のカタマリ] になっているというわけなんですよ！
……これは英文を読む上で超重要なことなので、
絶対に甘く見ないで**1000％理解してマスター**しておきましょうね。

さて、ここまでわかれば、
「**[彼が今英語を勉強するということ]** は、いい考えだ。」
という意味が正確に伝わってきましたよね。
このとき、訳す場合は訳し方にも注意！
「〜ということは」では日本語としてカタイと思ったら、
意味が変わらない程度に「〜というのは」のようにしてもいいですよ。
ちなみに、that などの [名詞のカタマリ] を作る接続詞は基本的に、
ピリオドや2つ目の動詞の前でカタマリが終わりますからね！
1つの文やカタマリの中には、動詞は1つしか入れられない。
だから例文1は、2つ目の動詞 is の前で
That のカタマリが終わっているんですよ。

  [That he studies English now] is a good idea.

では、例文 2 に入る前に、英文を読むときに欠かせない必須文法、
その名も「形式主語」をマスターしておきましょう！

> ● POINT ●
>
> ### 形式主語：主語が［名詞のカタマリ］の場合
>
> ★主語の位置に it（形式主語）を置く
> 　→［名詞のカタマリ］を文末へ持っていく

つまり、例文 1 だと、こうなるわけでございますな。

> ［That he studies English now］is a good idea.
> = It is a good idea［that he studies English now］.

のようにすることもできるんです。
It の後ろに［that S V］のような
V を含む［名詞のカタマリ］を発見したときは、
「ほら！　その［名詞のカタマリ］が本当の主語っす！
自分（It）じゃないっす！」と教えてくれる目印なんです。
文章では、形式主語は一人暮らしのカレー以上の頻度で出現するので、
「it を見たら、文の後ろの方に［that S V］などがないかどうか探す」
というクセをつけておきましょう！

ところで、［that S V］が［名詞のカタマリ］を作るということは、
主語の他に、補語（C）や目的語（O）にもなれるってことですよね。
今度はそれを確認していきましょう！

> 例文 2
>
> ### My suggestion is that we should take part in the game.
>
> ▶私の提案は、私たちがその試合に参加すべきだということだ。

この文では、接続詞 that のカタマリが補語（C）になっていますよね。
is は be動詞なので、イコール関係（S = C）を作るのがポイントです。

> My suggestion ＝［that we should take part in the game］

このように、[that S V]は名詞のカタマリなので、
C のカタマリになっていますよね。
また、[that S V]は目的語（O）にもなれます。
例文3 を見てください！

I think that Kate is my best friend.

▶ケイトは私の親友であると（いうことを）私は思う。

この文では、that のカタマリが、
他動詞 think の目的語（O）になっていることに気づきました？
もし、「I think.」で文が終わったら、
「何を思うのー!?」と気になって、夜しか眠れなくなるでしょ!?
こんなふうに、ツッコミを入れたくなる不完全な文（= O が必要な文）
では、他動詞の後ろに目的語 O を置かなくちゃいけない。
ここでは、[that S V]がその役目を果たしているわけです。

　　I think[that Kate is my best friend].

このように、[that S V]は[名詞のカタマリ]を作るので、
S・C・O になることができます。OK ですか？
では、最後に重大なルールを覚えてもらって、that を終わりましょう！

● POINT ●

接続詞 that の省略

★接続詞の that は、補語（C）や目的語（O）のカタマリを作って
いるときは省略できる（that を書かなくてよい）！

※主語（S）のカタマリのときは省略できない！
※ C を省略するとき、「省略した印」としてカンマ（,）を付ける場合もある。

第 17 講　接続詞③

これはつまり、
例文2 = My suggestion is(,) that we should take part in the game.
例文3 = I think that Kate is my best friend.
のように、that を省略することができるということです。

今、「な〜んだ、そんなことか…」と甘く見た人は要注意！
難しい文章になるほど、いくつも文がつながり、
複雑な文構造をしている部分も多いんです。
しかも、that はほぼ100％省略されている…！
that の省略は万が一にも見抜けないことがあってはダメなんです‼
だから、簡単な文で、基本を徹底的に体にすり込んでおいてくださいね。

2 if S V

例文 4

I will ask her if she will go on a picnic next week.

▶私は彼女に来週ピクニックへ行くのかどうかをたずねるつもりだ。

この文では、[if S V] ＝ [名詞のカタマリ] になっていて、

ask ＋ 人 ＋ 事柄 （訳：人 に 事柄 をたずねる）

の 事柄 のカタマリを作っているのがわかりますよね。
つまり、[if S V] が、「S V O₁ O₂」の O₂ になっているんですね。
この例文のように、[名詞のカタマリ] として if が使われたときは、
[S が V するかどうか（ということ）] のような意味になります。
ちなみに、[if S V] は基本的に O のカタマリしか作りません。
補語 C にはならないということです。

また、例文4では、[if S V] のカタマリの中の V が
will go という未来の形になっている点に注目！
if が（副詞のカタマリ）であるときは、
カタマリの中は「未来の文でも現在形」がルールでしたよね。（☞P.159）

例　(If it rains tomorrow), I will stay home.

▶ (もし明日雨ならば)、私は家にいるつもりだ。

でも、if が [名詞のカタマリ] のときはそのルールは無効なんです。
つまり、普通に「未来の文は未来の形」にするということ。

（副詞のカタマリ）と［名詞のカタマリ］は、
見た目は同じでも意味やルールが違うので、
使われている位置を見て正確に区別してくださいね。

3 whether S V

Whether I can help you with the business is
a difficult question.

▶私があなたの商売を手伝えるかどうかは難しい問題だ。

この文で最初に重要となるのが、
whether S V が［名詞のカタマリ］なのか（副詞のカタマリ）なのか
を見分けることです。
is の前に is の主語があれば（副詞のカタマリ）だとわかるし、
主語がなければ whether S V が主語（S）、
つまり［名詞のカタマリ］になるとわかりますよね。
is の前の you と the business は、

help 人 with 事柄 （訳：人 の 事柄 を手伝う）

の 人 と 事柄 なので、主語じゃないですね。
その前の I は can help の主語。
…ということは、is の主語がないので、
Whether S V が主語のカタマリになっているとわかりますよね。
［whether S V］＝［名詞のカタマリ］は、
［S が V するかどうか（ということ）］という意味になるのが基本。
そして、もちろん主語は［名詞のカタマリ］なので、
形式主語を使って次のように書くこともできますからね！（☞P.166）

It is a difficult question[whether I can help you with the business].

it があったら、後ろに［名詞のカタマリ］があるかどうかを
必ず確認するキャンペーンをお忘れなく！

次は、[whether S V] が**補語（C）**になる例を見てみましょう！
例文6を見てください。

例文6

The problem is whether he can answer the question.

▶問題は彼がその質問に答えられるかどうかだ。

この文は、is が前後の**イコール関係（S = C）**を作り、
[whether S V] が**SV C** の **C** になっていますよね。
考え方がさっきの [that S V] と同じなので楽勝ですよね！
[if S V] は **C** になりませんが、[whether S V] は **C** になれる。
この違いを感じながら、次に行きましょう。
例文7を見てください。

例文7

You have to decide whether you study English or not.

▶あなたは英語を勉強するかどうかを決めなければならない。

ここでは、[whether S V] が、
他動詞 decide の目的語（O）になっているのがわかりますよね！
whether S V は or not を付けて使うことも多いんです。

　　　whether S V ..... or not　　　←基本
　　　= whether or not S V .....　　←S V ..... が長いとき

目的語 O のカタマリになっている whether と if は同じ意味なので、
例文7は whether の代わりに if を使っても OK です。
さあ、これで [名詞のカタマリ] を作る接続詞は一通り終了！
……なんですけど、せっかくなので、
whether S V の（**副詞のカタマリ**）の例も見ておきましょう！

例　（Whether you study English or not）, it is none of my business.
　　▶君が英語を勉強しようとしまいと、私の知ったことではない。

この文は、**it is** という主節の **S V** の前にあるので、
Whether が（副詞のカタマリ）を作っているとわかりますよね。

ちなみに、It is none of one's business.（〜の知ったことではない。）は
たまに見かける会話表現なので覚えておきましょう。
この one's というのは、「所有格」が入るという意味で、
I-my-me-mine などの2番目に出てくる代名詞（my）や
Tom's のような「名前's」という形が入りますよ。

4 接続詞 that を使った重要表現

さあ、ついにこの講も最後ですか!?
では、最後にふさわしい、どんな試験でも頻出の、
接続詞 that を使った重要表現をマスターしておきましょう！
長文や英作文にも出てくるので、形でシッカリ覚えておきましょう！

● POINT

接続詞 that を使った重要表現

① so … that S V ：非常に…なので、S は V する
② such 〜 that S V ：非常に 〜 なので、S は V する
③ ….. , so (that) S V ：….. なので、S は V する 【結果】
④ so (that) S 助動詞 V原 ：S が V するために［ように］ 【目的】
⑤ in order that S may V原 ：S が V するために 【目的】

①の例 **She is so kind (that everybody likes her).**
▶彼女は非常に親切なので、みんな彼女が好きだ。

②の例 **She is such a kind girl (that everyone likes her).**
▶彼女は非常に親切な女の子なので、みんな彼女が好きだ。

③の例 **He studied hard, so ((that) he could pass the exam).**
▶彼は一生懸命に勉強したので、試験に合格できた。

④の例 **He studied hard so ((that) he could pass the exam).**
▶試験に合格できるように、彼は一生懸命に勉強した。

⑤の例 **He works hard in order (that he may support his family).**
▶家族を養うために、彼は懸命に働く。 （⑤は④と言い換え可能）

長文では様々な修飾語が挿入されて、
①の「so と that」や、②の「such と that」などが
異常に離れている場合もあるんです。
どんなに離れていても瞬時に反応できるように、
何度も音読して形を体にたたき込んでくださいね！

この講の最後にお伝えしたいのは、
「なぜ接続詞で2つの文をつなぐのか」
を考えながら文を読んでいってほしいということ。
言い換えると、「2文の関係」を考える習慣をつけてほしいんです。

5　2文の関係を考える

接続詞というのは、別々に存在している文を
わざわざつなぐ働きをしているわけですよね。
では、**なぜつなぐのか**？
……それは、その2文には特別なつながりがあるからなんです。
例えば、前ページの①の例ならこんな感じですね。

　　　She is so kind that everybody likes her.

【原因】　She is so kind（彼女は非常に親切だ）
　　↓だから
【結果】　that everybody likes her（みんな彼女が好きだ）

ほほう、この2文には「原因[理由]と結果」の関係がありますね。
このように、2文の関係を意識する習慣をつければ、
内容一致問題の「原因[理由]・結果」を入れ替えた選択肢に
惑わされることもなくなるし、読解力が大幅アップしますからね。
このような2文の関係を押さえるのは、実はそんなに難しくない！
実際に自分でやってみましょう！
では、あと少しだけ一緒に見ていきましょう！

As I was so tired, I went to bed early yesterday. (☞P.154)

【原因】 As I was so tired (私はとても疲れていたので)
  ↓
【結果】 I went to bed early yesterday (昨日は早めに床についた)

この2文にも「原因と結果」の関係がありますね。
最後にもう1つ、今度は3文がつながった文を見てみましょう。

If you want a camera, I will buy one for you because I have not given you a birthday present yet.

【条件】 If you want a camera (もしカメラが欲しいなら)
  ↓
【結果】 I will buy one for you (私があなたに買ってあげましょう)
  ↓
【原因】 because I have not given you a birthday present yet
    (まだあなたに誕生日プレゼントをあげていないので)

3文の関係、わかりましたか？
これは細かく教わるよりも、**自分で考えた方が力がつくんですよ！**
最初は、超頻出の「原因・理由」や「結果」の関係だけでもいいので、
シッカリ考えながら読んでみてくださいね！
では、CHECK問題で最後を締めくくりましょう！

CHECK問題

第17講のまとめ

★名詞のカタマリも作る接続詞は
　① [that S V]、② [if S V]、③ [whether S V] の 3 つ
★ [that S V] は、基本的にピリオドや 2 つ目の動詞の前で
　カタマリが終わる

問1　空所に最も適する語句の番号を選びなさい。

☐ **1**　(　　　　) my son will be an actor is my dream.
　① As　　　　② When　　　③ That　　　④ While

☐ **2**　My sister is (　　　　) a good tennis player that she will win the game.
　① so　　　　② as　　　　③ that　　　④ such

問2　次の文の that が省略できる場合は①、できない場合は②を選べ。

☐ **3**　I know that you broke the window two weeks ago.

問3　次の英文を和訳しなさい。

☐ **4**　I thought he told a lie when he told me about the accident.

☐ **5**　Whether it snows tomorrow or not, I think he will attend the party.

ここがポイント！

★接続詞の問題を考えるときは、接続詞が作るカタマリが（副詞のカタマリ）なのか、［名詞のカタマリ］なのかを見極めてから解くこと！

答1 正解＝③ （訳：［自分の息子が俳優になること］が、私の夢だ。）
★is の前には、is の主語となる名詞がないので、空所には名詞［主語］のカタマリを作る接続詞が入る。したがって、③が正解。

答2 正解＝④ （訳：私の妹は非常にテニスがうまいので、その試合に勝つでしょう。）
★空所と that の間に player という名詞が入っているので、「such 名詞 that S V」の形をとる。よって④が正解。空所と that の間に名詞がなく、形容詞や副詞が入っている場合は「so … that S V」の形。

答3 正解＝① （訳：私はあなたが2週間前にその窓を割ったことを知っている。）
★他動詞 know の**目的語のカタマリ**になっている［that S V］なので、省略できる。

答4 I thought［he told a lie］(when he told me about the accident).
正解＝（彼が事故について話したとき）、［彼はうそをついている］と私は思った。
★動詞が3つ（thought・told・told）なので、接続詞は2つ必要。ところが、when しか書いてないので、that が省略されているとわかる。I thought と he told の間に接続詞がないと文をつなげられないので、thought の後ろに that が省略されている。

答5 正解＝(Whether it snows tomorrow or not), I think［he will attend the party］.
正解＝（明日雪が降ろうが降るまいが）、［彼はパーティーに出席する］と私は思う。
★4番の問題と同じように考えると、that が省略されているのがわかる。今回は whether が副詞のカタマリを作っている点に注意。

関係代名詞
～主格・所有格・目的格～

●── 今回の KEY WORD ──●

who・which・that・whose・whom

さあ、いよいよ、泣く子も黙る「関係代名詞」の登場です！
超頻出文法なので、**100％頭に入れてほしいところです。
まず、関係代名詞はどんなときに使うのかを見てみましょう！

例 **I have a friend who sings well.**　▶私には上手に歌う友達がいます。
　　　　　　　　　説明

名詞 friend の後ろに、その friend を説明する
形容詞のカタマリ〈who sings well〉が来ていますね。
このように、**名詞の後ろに置いて、
その名詞をいろいろと説明するときに関係代名詞を使う**んです。

名詞を後ろで説明（修飾）するというのは、
不定詞〈to V原〉や分詞〈Ving、Vpp〉なども同じですけど、
関係代名詞を使うのは**長い文**が説明として付く場合だと考えましょう。

●── POINT ──●

名詞を後ろから説明する必殺３パターン

① 名詞 + 〈to V原 .....〉　　　（←**短い句**で 名詞 を説明）

② 名詞 + 〈Ving[Vpp] .....〉　（←**短い句**で 名詞 を説明）

③ 名詞 + 〈関係代名詞 .....〉　（←**長い文[節]**で 名詞 を説明）

この、関係代名詞（形容詞のカタマリ）に説明される 名詞 には、
「**先行詞**」というシャレた名前がついているんです。

さて、関係代名詞には次の３種類があります。

【関係代名詞の種類】

先行詞	主格	所有格	目的格
人	who	whose	who(m)
人以外	which	whose	which
人・人以外	that	なし	that

主格・所有格・目的格があるのは、代名詞と同じですよね。(☞P.48)

これを踏まえながら、関係代名詞の使い方を見ていきましょう。

では、まずは一番基本の**主格**から行ってみましょう！

Ｉ 関係代名詞〈主格〉

関係代名詞は、先行詞が「人」か「人以外」かで使い分けをするんです。

主格の場合、人なら who、人以外なら which を使うんですね。▼

【主格の関係代名詞】

$\boxed{\ 人\ }$ 〈who **V**〉

$\boxed{人以外}$ 〈which **V**〉

例文1 を見てみましょう！

① I have a friend. ＋ ② She sings well.

＝ I have a friend who sings well.

▶私には上手に歌う友達がいます。

①の文の名詞 friend を、②の文が説明していますね。

そして、②の文には①の friend を指す代名詞 she が入っています。

このような 2 つの文をつなぐときは、

関係代名詞を使ってつなぐことができますからね。

補足 ▼that は便利な関係代名詞

that は、主格・目的格の関係代名詞として、**どんな先行詞にでも使えます。**だから、who、whom、which の代わりとして that も使えるのです。ただ、人が先行詞のときは普通 who(m) を使うので、that は which の代わりが多いです。

この文は先行詞が人なので、who を使って、
②の she が指している a friend のすぐ後ろへつなげれば出来上がり！

$\qquad$ I have a friend. (+ She sings well.)

$\qquad$ → I have a friend 〈who sings well〉.

$\qquad\qquad\qquad$「接続詞 + 代名詞(she = 主格)」の働きをしてる！

このように、関係代名詞は「**接続詞 + 代名詞**」の働きをするので、
関係代名詞を使ったら後ろの代名詞は必要なくなりますよね。
つまり、**関係代名詞の後ろは必ず代名詞が抜けた形になる**んです！

そして、その抜けた代名詞が、
もともとは主語（主格）として使われていた場合、
関係代名詞も主格になるわけなんですね。

$\qquad$ The dog is Fred's. (+ It is running over there.)

$\quad$ = The dog 〈which is running over there〉 is Fred's.

$\qquad$ ▶向こうを走っている犬はフレッドの犬です。

$\qquad$ ※ The dog は「人以外」なので which を使っている！

この例文でも、which の後ろは主語（主格の代名詞）が抜けているし、
関係代名詞はその代名詞も兼ねているから主格なんですね。

一方、抜けた代名詞が**所有格**（his など）として使われていた場合は、
関係代名詞も**所有格**（whose）を使うんです。
今度はそれを確認していきましょう！

2 関係代名詞〈所有格〉

所有格の関係代名詞は、先行詞が**人**でも**人以外**でも whose を使います。

【所有格の関係代名詞】

人・人以外 〈whose 名詞〉　※ whose の代わりに that は使えない

まずは例文2を見てみましょう！

① I know the girl. ＋ ② Her father is a lawyer.

＝ I know the girl whose father is a lawyer.

▶私は、父親が弁護士の女の子を知っています。

上の文を見ると、②の文の Her は、前の the girl を指していますよね。
この2つの文をつなげてみましょう。

I know the girl.（＋ Her father is a lawyer.）

→ I know the girl 〈whose father is a lawyer〉.

「接続詞＋代名詞（her ＝所有格）」の働き！

Her father の Her は、所有格の代名詞ですよね。
この2つの文をつなげるときは関係代名詞を使えばいいのですが、
関係代名詞に「所有格の代名詞」の働きもさせたいので、
関係代名詞は所有格（whose）にしなきゃいけないんです。
このように、所有格の関係代名詞は
「接続詞＋**所有格**の代名詞」の働きをするんですね。
ちなみに、Her father（彼女の父親）でセットなので、
whose father もセットで扱うこと。
バラバラにしちゃダメですよ！
あとね、関係代名詞の所有格を使ったときは、
「**接続詞＋所有格**＋名詞」→「whose ＋名詞」
という形になるので、whose の後ろは、
「my、his、her などの所有格の代名詞が抜けた形」
になるのがポイントです。

参考 whose は「の」!?

「the girl（A）whose father（B）→女の子（A）の父親（B）」のように、whose を
使った文は、先行詞（A）と whose の後ろの名詞（B）が「（A）の（B）」みたいに
つながるという特徴があります。

3 関係代名詞〈目的格〉

では、**目的格**の関係代名詞をやってみましょう！

【目的格の関係代名詞】

| 人 |〈whom S V ▲〉

| 人以外 |〈which S V ▲〉

※▲の箇所は名詞［代名詞］が抜けている！（目的格の関係代名詞は省略できる）

では、例文を見てみましょう。

例文 3

① The man spoke English. ＋② I met him in the zoo.

＝ The man whom I met in the zoo spoke English.

▶私が動物園で会った男性は英語を話した。

②の文の him は、①の文の The man を指していますよね。
これをつなげる場合、先行詞 The man は人なので、
関係代名詞の whom を使えばいいんです。▼

The man spoke English.（＋I met him in the zoo.）

→ The man（＋I met him in the zoo）spoke English.

→ The man〈whom I met in the zoo〉spoke English.
「接続詞＋代名詞（him ＝目的語）」の働き！

このように、目的格の関係代名詞 whom が、
「接続詞＋代名詞（**目的語**）」の働きをしているので、
whom の後ろは目的語が抜けた不完全な文になるんです。
他動詞 met の後ろの O（him）が抜けていますよね。

参考　▼whom の代わりに who も使う！
現代英語では、whom の代わりに who を使うことが多いです。だからよく
「who(m)」と表されています。ちなみに、関係代名詞の目的格は、省略するのが
一般的です。

ちなみに、**目的格の関係代名詞は省略する**ことが多いので、

　　　The man I met in the zoo spoke English.

と書いてもいいんです。

さあ、ここまで頭に入りましたか？
ちょっと混乱してます？
簡単に考えると、関係代名詞は下の図のようなイメージになります。

つまり、名詞 A を説明するため、
名詞 A の後ろに文 B を付けたいとき、
そのままじゃ付けられないから、
文 B にある代名詞（＝名詞 A を指す代名詞）を文頭に持ってきて、
その代名詞に直前の名詞にくっつく力（「接続詞」としての力）を与えて、
名詞 A の後ろにくっつける！
そうやってできたのが関係代名詞の文だと考えておきましょう。
そうすれば、関係代名詞の後ろは代名詞が抜けた形になるし、
抜けた代名詞の格（主格 or 所有格 or 目的格）に対応して、
関係代名詞の格（主格 or 所有格 or 目的格）も決まる、
というのもナットクですよね。
いい？　シッカリ復習して、理解できたら次へ GO でっせ！

補講 ▌**関係代名詞の穴埋め問題の裏技！**

関係代名詞の格は、関係代名詞の後ろを見ればわかります。
先行詞（**関係代名詞**）V　　　　　　　　→主　格が入る
先行詞（**関係代名詞**）名詞（所有物）　→所有格が入る
先行詞（**関係代名詞**）目的語がない文→目的格が入る

4　前置詞＋関係代名詞

「目的格の関係代名詞は、他動詞の後ろの O が抜ける」

というのは前のページでやりましたが、

前置詞の後ろの O が抜けるパターンもやっておきましょう！

【目的格の関係代名詞】〜前置詞の O が抜けた場合〜

　　　　人 〈whom **S V** 前置詞 ▲〉　←▲の箇所は名詞[代名詞]が抜けてる！

　＝　人 〈前置詞 whom **S V**〉

　　　人以外 〈which **S V** 前置詞 ▲〉

　＝　人以外 〈前置詞 which **S V**〉

では、例文を見てみましょう！

例文4

① The girl is my daughter. ＋ ② Dick is playing with her.

＝ The girl 〈whom Dick is playing with〉 is my daughter.

＝ The girl 〈with whom Dick is playing〉 is my daughter.

　▶ディックが遊んでいる女の子は私の娘です。

よく質問されるんだけど、②の文の her は、

①の文の The girl と my daughter のどっちを指してますか？

…そう！　The girl の方ですからね！▼

そこまでわかれば、あとは先程やったのと同じ。

The girl は人なので、関係代名詞の whom を使って、

②の文を The girl の後ろにつなげれば完成です。

ここで注目！　例文4の2行目の英文を見てください！

…あ！　〈　　〉の中が前置詞 with で終わってる！

考察 ▼「わかりにくい名詞」だからこそ「説明」が付く！

関係代名詞は形容詞のカタマリ（＝名詞の説明）を作りますが、説明は基本的に「漠然としていてわかりにくい名詞」に付くものですよね。The girl（女の子）と my daughter（私の娘）では、The girl の方が誰を指してるのか不明で漠然としてますよね。だから、her は The girl の方を説明してるとわかるのです。

実は、　人　〈whom S V 前置詞 ▲〉や

人以外 〈which S V 前置詞 ▲〉という形で、

▲の箇所で**前置詞の後ろの代名詞が抜けているとき**は、

前置詞が関係代名詞の前に来ることができるんです!!!

The girl 〈whom Dick is playing with〉 is my daughter.

= The girl 〈with whom Dick is playing〉 is my daughter.

基本的に、前置詞の後ろには名詞が来るのに、

〈　　〉の中ではその名詞が消えていますよね。

当然、前置詞は後ろに名詞がいないとさびしい…。(ぽつーん)

前置詞くんは、名詞[代名詞]くんの前にいるのが好きなんですよ。

そこで、「もともといた代名詞くんはどこ？」と探すわけです。

そして、「あ、そうだ！　今、代名詞くんは『関係代名詞』に変身して、

『接続詞＋代名詞』の働きをしているんだ！　ボクも行こう！」となって、

前置詞くんは関係代名詞の前へ移動するんです。

そして2人は一緒になることができました。(めでたし、めでたし)

こんな感じで (笑)、「前置詞＋関係代名詞」という形ができるんです。

この「書き換え」は、本当によくテストに出ますからね。

ちなみに、前置詞が関係代名詞の前に移動してきたときは、

① 「前置詞＋関係代名詞」の関係代名詞は省略できない！

② 「前置詞＋関係代名詞」の関係代名詞は that が使えない！

という、2つのルールが加わるので、絶対に押さえておきましょう。

では、確認のためにもう1つ例文を見てみましょう！

例文5

That is the house. Jack lives in it.

▶あれは家です。ジャックがそこに住んでいます。

この2つの文を関係代名詞でつないでみますよ。

① That is the house. + Jack lives in it.
→ ② That is the house 〈which Jack lives in〉.
= ③ That is the house 〈in which Jack lives〉.
　　▶あれはジャックが住んでいる家です。

前置詞は関係代名詞の前へ移動することができるので、
②と③の文は同じ意味の文で、どちらも正しい形なんです。
よくテストでは、

　　That is the house（　　　）which Jack lives.
のような文を出して、
空所に適した語句を入れさせる問題が出るんですけど、
これはもう解けますよね！
コツとしては、まず、空所を後ろに移動し、

　→ That is the house which Jack lives（　　　）.
先行詞の代名詞 it を空所の後ろに付けて、

　→ That is the house which Jack lives（　　　）it.
としてから考えれば、１秒で in が入るってわかるよね！

ちなみに、「前置詞＋関係代名詞」の後ろは、
名詞が何も抜けていない完全な文になります。
③の文（That is the house 〈in which Jack lives〉.）も、
Jack（S）+ lives（V自）. で第１文型が完成し、
何も抜けていない完全な文になっていますよね。

5 関係代名詞の what

最後に、これまた英文を読む際に不可欠な超重要文法、
関係代名詞の what をやってみましょう！

【関係代名詞の what】～名詞のカタマリを作る関係代名詞～
[what V]：V すること［もの］ ←S が抜けてる！
[what S V ▲]：S が V すること［もの］ ←名詞[代名詞]が抜けてる！

関係代名詞には what というものもあります。

what も「接続詞＋代名詞」の働きをするのは同じです。

でもこれは、形容詞のカタマリではなく、

名詞のカタマリを作るんですよ。

名詞扱いなので、訳すときは「〜もの，〜こと」と訳します。

取りあえず、例文6を見てみましょう！

What Richard said is true.

▶リチャードが言ったことは本当だ。

この What Richard said が、

「リチャードが言ったこと」という、

名詞のカタマリを作っているのがわかるかな？

関係代名詞の what は、先行詞を含む関係代名詞ともいわれ、

要は「the thing(s) which」が変化したものなんです。

　　　[The thing(s) which Richard said] is true.

　　　[What Richard said] is true.

What = The thing(s) which ということですよね。

でも、細かいことは気にせず、

「関係代名詞の what は名詞のカタマリを作る！」

と 100 回くらいつぶやいて頭に入れちゃった方が早いですからね。

ところで、例文6の what は、

名詞のカタマリを作って S になっていますよね。

名詞のカタマリということは、

「S・O・C」や「前置詞の O」になれるということですよね？

では S 以外のカタマリを作っている場合も確認してみましょう！

例　　**Give me [what you have in the box].**　　　※ what ＝ O のカタマリ

▶その箱に入っているものを私に渡しなさい。

この文では、[what のカタマリ] が、
give [O₁ (人に)] [O₂ (モノを)] の O₂ になっています。
what のカタマリが目的語 (O) として使われている例ですよね。
what は関係代名詞だから、
必ず後ろの名詞[代名詞] が抜けていますからね。

では続いて、what が C や「前置詞の O」になってる例です。

例　**This is [what Susanna did].**
　　　▶これはスザンナがしたことです。

例　**Tell me about [what happened in the classroom].**
　　　▶教室で起こったことについて私に教えてください。

このように、what は C や「前置詞の O」のカタマリにもなるんですね。

さあ、これで what の基本形はバッチリ押さえたから、
最後に関係代名詞 what を使った慣用表現を押さえておきましょう！
次の一覧をザッと見てみてください。

● POINT ●

関係代名詞の what を使った慣用表現

☐ [what S is [am/are]]	：現在の S (の姿・人柄)
☐ [what S was [were]]	：昔の S (の姿・人柄)
= [what S used to be]	
☐ (what is + 比較級)	：さらに比較級なことには
☐ (what is more)	：その上，おまけに
☐ (what is worse)	：さらに悪いことには
☐ (what is called)	：いわゆる
= (what we [they/you] call)	
☐ A is to B what C is to D	：A と B の関係は C と D の関係 と同じだ

いいですか？

一通り頭に入ったら、次の例文7を見てみましょう！

Nancy doesn't know what I am.

▶ナンシーは今の私を知らない。

この文では、慣用表現の what S is［am/are］が使われていて、
what I am が O のカタマリを作っているんですよ。

Nancy doesn't know ［what I am］.

このように、関係代名詞 what は名詞のカタマリとして使いますよね。
でも、ここで注意！
慣用表現のときだけは副詞のカタマリを作る what もあるんです。

例　**Jim is（what is called）a walking dictionary.**

▶ジムはいわゆる生き字引だ。(生き字引＝物知りの人)

この（what is called）が副詞のカタマリになっているように、
慣用表現には what の**例外**的な使い方も多いのです。
でも、「これは例外だ」とわりきって暗記しちゃいましょうね！
では、CHECK問題で頭の中を整理していきましょう！

第 18 講
CHECK問題

第 18 講のまとめ

関係代名詞 ┬ 主　格：[人]〈who V〉　[人以外]〈which V〉
　　　　　　├ 所有格：[人・人以外]〈whose 名詞〉
　　　　　　└ 目的格：[人]〈whom S V ▲〉　[人以外]〈which S V ▲〉

★〈関係代名詞 S V 前置詞 ▲〉=〈前置詞 関係代名詞 S V〉

問　空所に最も適する語の番号を選びなさい。

☐ **1** The boy (　　　) I taught last year studied very hard.
　　① what　　　② whose　　　③ whom　　　④ which

☐ **2** The cat (　　　) eyes are blue is my uncle's.
　　① who　　　② whose　　　③ that　　　④ which

☐ **3** The story (　　　) was written by her was very interesting.
　　① who　　　② whose　　　③ whom　　　④ which

☐ **4** This is the library (　　　) I study math every day.
　　① which　　　② in which　　　③ in that　　　④ in

☐ **5** We cannot rely on (　　　) Paul says.
　　① which　　　② that　　　③ whom　　　④ what

解答・解説

ここがポイント！

★関係代名詞は**形容詞のカタマリ**を作って先行詞を説明する！

★関係代名詞の後ろは、代名詞が抜ける！

★目的格の関係代名詞は省略可！

★関係代名詞 what は**名詞のカタマリ**を作る！

答**1**　正解＝③　The boy (whom) I taught last year studied very hard.

　　　　　　　　　（訳：私が去年教えた男の子は非常に熱心に勉強した。）

★動詞が2つ（taught・studied）あるので、接続詞（の働きがあるもの）が必要。よく見ると、他動詞 taught の O が抜けているので、空所には**目的格**の関係代名詞が入る。先行詞 The boy は人なので③が正解。

答**2**　正解＝②　The cat (whose) eyes are blue is my uncle's.

　　　　　　　　　（訳：目が青い猫は私のおじの猫です。）

★ eyes の所有者（所有格の代名詞）が抜けているので、空所には**所有格**の関係代名詞が入る。したがって②が正解。

答**3**　正解＝④　The story (which) was written by her was very interesting.

　　　　　　　　　（訳：彼女によって書かれた物語はとても面白かった。）

★空所の後ろの S が抜けているので、空所には**主格**の関係代名詞が入る。先行詞 The story は人以外なので④が正解。

答**4**　正解＝②　This is the library (in which) I study math every day.

　　　　　　　　　（訳：これは私が毎日数学を勉強している図書館です。）

★空所後は第3文型（I study math）が完成。何も抜けていないので、「前置詞＋関係代名詞」の②が正解。

答**5**　正解＝④　We cannot rely on (what) Paul says.

　　　　　　　　　（訳：ポールの言うことをあてにすることはできない。）

★他動詞 says の後ろの O が抜けているので、空所には関係代名詞が入る。前置詞 on の後ろには名詞がくるので、名詞のカタマリを作る④が正解。「前置詞＋関係代名詞」は後ろに何も抜けていない文がくるし、先行詞も必要なのでここでは使えない。

形容詞のカタマリ

は～い、皆さんこんにちは！
形容詞、好きですか～!?
私は好きです！ ハッキリ言って、大好きです！
だって、形容詞のカタマリを 名詞 の後ろに付けると、
いろんなイメージを伝えることができるんですもの。

名詞 〈to V原 .....〉　　　 ← to 不定詞（形容詞的用法）
名詞 〈Ving .....〉など　 ← 分詞
名詞 〈who V .....〉など　← 関係代名詞

これらの文法を使えば、
あんなイメージやこんなイメージ、そんなイメージまで…… !?
もう、自由自在にお伝えできるようになっちゃうのが形容詞！
もう、最高!!!

・・・ というわけで、よろしいでしょうか。
ここまでで〈形容詞のカタマリ〉をたくさん身につけてきたので
表現力もだいぶ豊かになってきた頃じゃないかなと思います。
でも、〈形容詞のカタマリ〉って結構「難しい」って誤解されている場合
が多いので、ここでもう一度、
別な角度から復習しちゃおうかなって思ってます。

「 名詞 〈形容詞のカタマリ〉」という形が
まだ頭に入りきっていない人は、
〈形容詞のカタマリ〉から何か 名詞 が抜けている
ってことがわかっていない場合が多いんですよね。
そこで、「 名詞 〈形容詞のカタマリ〉」という形は、
小学校で習った（はずの）「**文章の名詞化**」によって出来上がるのだと
考えてみましょう！
「名詞化」とは文字どおり、文章の語順を変えることで、
その文章を名詞のカタマリにしてしまうワザです。

Ⅰ 文章の名詞化

日本語の文章の多くは、文章中の 名詞 を文末に移動すると、

　　　〈形容詞のカタマリ〉 名詞

という形に変換できるのは知っているでしょうか？
例えば、このような感じです。

　　　 その男性 は 犬 を飼っている。

　① その男性 を文末へ移動した場合
　　　→〈犬を飼っている〉 その男性

　② 犬 を文末へ移動した場合
　　　→〈その男性が飼っている〉 犬

文中にある 名詞 を後ろに移動して、
名詞 前が〈形容詞のカタマリ〉になるようにすると、
「〈形容詞のカタマリ〉 名詞 」という形になりますよね。
このように、文章を「〈形容詞のカタマリ〉 名詞 」
という形に「名詞化」したものは、
名詞のカタマリとして使えるようになるのですが、
実はこれが、第2章でやってきた
「 名詞 〈形容詞のカタマリ〉」たちの正体なのです‼

・・・といきなり言われても、
よくわからないですよね？
では、次は英語で見ていっちゃいましょう！

2 形容詞のカタマリ① 〜 to 不定詞〜

日本語では、〈形容詞のカタマリ〉を 名詞 の**前**に置きましたよね。
英語の場合は、文章中の 名詞 を前に出して、
名詞 の**後ろ**に〈形容詞のカタマリ〉を置く形にすれば完成です！

$$\boxed{名詞} \langle 形容詞のカタマリ \rangle = \boxed{名詞} \langle \text{to } \mathbf{V}_原 ..... \rangle$$

という形ですね。
〈形容詞のカタマリ〉に修飾される名詞は □ で囲んでありますよ。
では、文章の名詞化で
「 名詞 〈形容詞のカタマリ〉」という形を作ってみましょう。

（主語で名詞化）

  The man loves her.　　　　　（その男性は彼女を愛している。）

  → the man 〈to love her〉　　　（彼女を愛しているその男性）

（目的語で名詞化）

  I read a lot of books .　　　　（私はたくさんの本を読む。）

  → a lot of books 〈to read〉　　（読むべきたくさんの本）

  ※ I は文の主語と同じと考え消す

（前置詞の後の名詞で名詞化）

  I live in the house .　　　　　（私はその家に住んでいる。）

  → the house 〈to live in〉　　　（住むためのその家）

  ※ I は文の主語と同じと考え消す

to 不定詞を使った「 名詞 〈to $\mathbf{V}_原$ .....〉」も、
文章中の名詞を前に出して、
「 名詞 〈形容詞のカタマリ〉」という形にしたものなんです。
このことがわかると、「 名詞 〈形容詞のカタマリ〉」のように、
名詞 と〈形容詞のカタマリ〉を
くっつけて使う必要があるのがわかりますよね。

  ※名詞と〈形容詞のカタマリ〉を離してしまう人がいるので注意！

3 形容詞のカタマリ② ～分詞～

では、次は分詞を見てみましょう！

　　　名詞 〈形容詞のカタマリ〉
　① 名詞 〈Ving .....〉
　② 名詞 〈V$_{pp}$ .....〉

分詞を使ったこの①②の形も、
文章の名詞化によって作ることができるんです。

　　　A dog is running in the park.　　　　（犬がその公園を走っている。）
　→ a dog 〈running in the park〉　　　　（その公園を走っている犬）
　　　※動詞 is は不要なので消える

　　　The book is written in English.　　　　（その本は英語で書かれている。）
　→ the book 〈written in English〉　　　　（英語で書かれているその本）
　　　※動詞 is は不要なので消える

文章の 主語 を使って「 名詞 〈形容詞のカタマリ〉」という形を作っている
のがわかりますかな？

ではもう１つ！

　　　The cat lives in the house.　　　　（その猫はその家に住んでいる。）
　→ the cat 〈living in the house〉　　　　（その家に住んでいるその猫）

このように、文章の 主語 の後に
〈形容詞のカタマリ〉を付けて名詞化したものが、
分詞の「 名詞 〈Ving .....〉」や「 名詞 〈V$_{pp}$ .....〉」という形なんですね！

4 形容詞のカタマリ③ ～関係代名詞～

関係代名詞も同じ〈形容詞のカタマリ〉ですが、
「ちょっと関係代名詞は ・・・」とうつむく人が多いので、
ここでは、関係代名詞を使って、
「名詞〈形容詞のカタマリ〉」という形を作ってみましょう！
意外と簡単ですからね！

　　　　名詞 〈形容詞のカタマリ〉

① 人 〈who **V** .....〉

② 人以外 〈which **V** .....〉

③ 人 〈who(m) **S V** .....〉

④ 人以外 〈which **S V** .....〉

関係代名詞を使ったこの①～④の形も、
文章中の名詞を前に出して名詞化したものなんです。

The man lives in the village.　　　　　　（その男性はその村に住んでいる。）
→ the man 〈who lives in the village〉　　　（その村に住んでいるその男性）

The dog barks at the woman.　　　　　　（その犬はその女性をほえる。）
→ the dog 〈which barks at the woman〉　　（その女性をほえるその犬）

The dog barks at the woman .　　　　　　（その犬はその女性をほえる。）
→ the woman 〈who(m) the dog barks at〉　（その犬がほえるその女性）

The man lives in the village .　　　　　　（その男性はその村に住んでいる。）
→ the village 〈which the man lives in〉　　（その男性が住んでいるその村）

「名詞〈形容詞のカタマリ〉」という形は、
〈to **V**原〉〈**V**ing .....〉〈who **V** .....〉などなど、
いろいろな〈形容詞のカタマリ〉を使って作ることができるのですが、

196

すべて元は1つの文章を名詞化したものなんです、
ってことがわかってもらえましたかな？

⑤ 名詞化したカタマリを文へ組み込む

では、最後に、名詞化したものを文の中に組み込んでみましょう。
名詞化したものは、普通に名詞を置く位置に置けばいいからね。
基本的には主語 (S) や目的語 (O) の位置に置くことが多いので、
ここではその位置に置いた文を確認しておきましょう！

The book 〈written in English〉 is Frank's.
▶英語で書かれたその本はフランクのものだ。（人 's ＝人のもの）

The man 〈who lives in the village〉 is kind.
▶その村に住んでいるその男性は親切だ。

I have a lot of books 〈to read〉.
▶私には読むべきたくさんの本がある。

さあ、どうだったでしょうか!?
もし、〈形容詞のカタマリ〉の授業で少しだけ混乱していたとしても、
この授業でスッキリしてくれたらうれしいです！

比較
～勝ち・引き分け・負け～

原級・比較級・最上級

比較っていうのは、その名のとおり「**比べる**」ってことなのですが、
比べるポイントとなる品詞ってな～んだ？
…そう！
「どちらがより beautiful か」とか、
「どちらがより fast か」のように、
形容詞や副詞を比べることができるんですよね。
たまに「名詞！」って答えるツワモノもいますが、
例えば「どちらがより dog か？」では、意味不明ですから!!!
名詞や動詞という要素は比較できないので気をつけてくださいね！
では、さっそく比較の授業を始めましょうか。

何かを比較したときは、絶対に３つの答えしか出てきませんよね!?
例えば、「私とあなたのどちらが fast か」を比べたら、

① 私の方が fast ！　　　　　→私の**勝ち**
② どちらも同じくらい fast ！　→**引き分け**
③ 私の方が fast じゃない！　　→私の**負け**

の３つの答えしかないですよね？
…ん？「どちらも fast じゃない」という場合もある？
それも「どちらも同じくらい fast じゃない」ということなので、
「引き分け」ですよね（笑）
だから、比較表現としては、「勝ち／引き分け／負け」の３パターンを
押さえてしまえばいいわけなんです。
ということで、まずは「勝ち」の場合をやりましょう！

Ⅰ 「勝ち」から書くパターン

何かと何かを比べて「勝ち」の方から文を書くときには、
形容詞[副詞]を「比較級」という形に変えて書くので、
まずは比較級・最上級の作り方をマスターしましょう。(☞P.25)
・・・ はい！ 見直しは OK ですか？

　　◎ 5字以下の場合、語尾に -er/-est を付ける。

　　◎ 6字以上の場合、単語の前に more/most を付ける。

この2点が、比較級／最上級の作り方の基本ポイントです！
これを基本として、例外部分も覚えておきましょうね。

形容詞[副詞]は、元の形（＝「原級」という）の他に、
比較級・最上級という形になることもできるんですね。
そして、何かと何かを比較するときは、
形容詞[副詞]について比べるわけだから、
形容詞[副詞]の形を比較級や最上級に変形させて表すんです。

ということで、比較級の例文を見てみましょう！

例文1

Her eyes are more beautiful than mine.

▶彼女の目は私の目よりも美しい。

まずは、この文をどうやって作ったのか考えてみましょう！

Her eyes are beautiful. *My eyes* are beautiful.

最初はこんなふうに、目の美しい人が2人いるんですね。
で、「じゃあ、どっちの目がより美しいのか勝負！」と比べるわけです。
斜体（イタリック）になっている部分が「比べているもの」ですよ。
これをもとに、彼女の目（*Her eyes*）が勝ったことにして
比較表現の文を書いてみましょう。

① 勝った方の文を先に書いて、負けた方を後に書く！

Her eyes **are** beautiful （　　　） *my eyes* **are** beautiful.

② 前の文を比較級にし、２文をつなぐ接続詞の than を（　　　）へ！

Her eyes **are** more beautiful than *my eyes* **are** beautiful.

③ 後ろの文の比べているモノ以外の部分を消して完成！

Her eyes **are** more beautiful than *my eyes*.

１度出た名詞は、２度目は代名詞を使うのが基本なので、

③の *my eyes* を代名詞の *mine* にすると、例文1になるんです。

そして、出来上がった文を見るときは、

次の３つのポイントをチェックします！

❶ **何と何[誰と誰]を比べた？**　※普通は S と than の後ろ

→ *Her eyes* と *my eyes*[*mine*]。

❷ **何について比べた？**　※比較級のところ

→どちらがより beautiful か。

❸ **結果は？**

→ *Her eyes* **are** more beautiful. なので *Her eyes* の勝ち！

この３ポイントをチェックすれば、

「彼女の目は私の目よりも美しい。」と意味がとれますよね！

さあ、これで「勝ち」から書くパターンはバッチリ押さえた！

次は、「引き分け」のパターンを押さえてみましょう！

2 「引き分け」のパターン

例文 2

Mia runs as fast as Oliver.

▶ミアはオリバーと同じくらい速く走る。

この文も、*Mia* **runs** fast. *Oliver* **runs** fast. で、

「じゃあどっちがより速いか勝負！」となったんでしょうね。

そしたら引き分けちゃった…。

引き分けたときは、次の手順で書きます。

① 引き分けなので、どちらでも好きな方を先に書く！

Mia runs fast（　　　）*Oliver* runs fast.

② 前の文の比較した部分（＝副詞 fast）を as … as で挟む！

Mia runs as fast as *Oliver* runs fast.

※前の as は「同じくらい…」という意味の副詞で、後ろの as は接続詞

③後ろの文の比べているモノ以外の部分を消して完成！

Mia runs as fast as *Oliver*.　　　　※ as … as の間には「原級」が入る

出来上がった文の3つのポイントをチェックすれば、

❶ *Mia* と *Oliver* について
❷どちらがより fast かを比べたら
❸「同じ」という結果だった

とわかりますよね。

だから「ミアはオリバーと同じくらい速く走る。」となるんですね。

3 「負け」から書くパターン

では最後、「負け」から書くパターンをやりましょう！

例文3を見てください。

> This bridge is less long than that one.
>
> = This bridge is not as[so] long as that one.
>
> ▶この橋はあの橋ほど長くない。

参考 than の後ろに置く代名詞は「目的格」

どちらが背が高いか勝負をしたとき、He is taller than I am tall. → He is taller than I. となります。でも、口語では He is taller than me. のように I-my-me の3番目（me）である目的格を使うことも多いんです。

今度は、「この橋とあの橋でどっちがより長いか勝負」したんですね。

> *This bridge* is long. *That bridge* is long.

「この橋」が負けちゃったことにして、文を書いてみましょう！

①負けた方の文を先に書いて、勝った方を後に書く！
> *This bridge* is long（　　）*that bridge* is long.

②前の文の形容詞[副詞]に less を付け、than を（　　）へ！
> *This bridge* is less long than *that bridge* is long.

③後ろの文の比べているモノ以外の部分を消して完成！
> *This bridge* is less long than *that bridge*.

そして、後ろの *bridge* を代名詞の **one** にすると例文3になりますよね。
出来上がった文の3つのポイントをチェックすると、

❶ *This bridge* と *that bridge* について、
❷ どちらがより long かを比べたら、
❸ *This bridge* が負け、という結果になった。

いいですか？　だから「この橋はあの橋ほど長くない。」となるんですね。
ちなみに、「負け」から書くパターンには、

> *This bridge* is not as[so] long as *that one*.

という書き方もありますからね。
あと、例文3は勝った方を先に置いて、次のようにも書けます！

> *That bridge* is longer than *this one*.

さあ、これで、比較の基本3パターンがマスターできましたよね！
では、気分がいいので、最後にもう1つ教えちゃいます！

補足 **than や as は比較用の接続詞と考えよう！**

比較の文を作るときは、2つの文をくっつける必要があります。そのとき、間に入って2つの文をくっつける役割をするのが接続詞の than や as です。ちなみに、than や as の後ろの文では、前の文とダブる語は省略します。

4 比較級の強調

実は、今やった比較級は**強調**することができるんです。
ただ「A は B より**速く**走る。」なんてレベルじゃなくて、
「A は B より はるかに**速く**走る。」のように
比較級の部分を強調したいときってありますよね。
例文で見てみましょう。

例文4

> ## Max runs much faster than Lucy.
> ---
> ▶マックスはルーシーよりはるかに速く走る。

さあ、今までの比較級とどこが違うのかわかります!?
そう！ 比較級の faster の前に much が付いていますよね！
比較級の前に much を付けると、
「はるかに…」や「ずっと…」のような意味を加えられるんです！
much のように、比較級を強調する語をまとめて覚えましょう！

● **POINT** ●

比較級を強調する語

☐ much
☐ far
☐ by far ＞ ＋比較級 ⇔ はるかに…／ずっと…
☐ even
☐ still

例えば、far **longer** なら「はるかに長い」、
even **earlier** なら「ずっと早く」のように、
比較級の意味を強調するわけですね。
本書では基本的に、英熟語や語義中にある「…」の部分には、
形容詞[副詞]（の意味）が入るということですからね。
では次、比較表現のラスボス、「**最上級**」を倒しに行きましょう！

第
19
講
比
較

4 比較級の強調

実は、今やった比較級は**強調**することができるんです。
ただ「A は B より**速く**走る。」なんてレベルじゃなくて、
「A は B より はるかに**速く**走る。」のように
比較級の部分を強調したいときってありますよね。
例文で見てみましょう。

例文4

> ## Max runs much faster than Lucy.
> ---
> ▶マックスはルーシーよりはるかに速く走る。

さあ、今までの比較級とどこが違うのかわかります!?
そう！ 比較級の faster の前に much が付いていますよね！
比較級の前に much を付けると、
「はるかに…」や「ずっと…」のような意味を加えられるんです！
much のように、比較級を強調する語をまとめて覚えましょう！

● **POINT** ●

比較級を強調する語

☐ much
☐ far
☐ by far ＞ ＋比較級 ⇔ はるかに…／ずっと…
☐ even
☐ still

例えば、far **longer** なら「はるかに長い」、
even **earlier** なら「ずっと早く」のように、
比較級の意味を強調するわけですね。
本書では基本的に、英熟語や語義中にある「…」の部分には、
形容詞[副詞]（の意味）が入るということですからね。
では次、比較表現のラスボス、「**最上級**」を倒しに行きましょう！

第
19
講
比
較

203

5 最上級

最上級とは、「姉が3人姉妹の中で一番**背が高い**。」とか、
「シェリがこの村の犬たちの中で一番**速く走る**。」のように、
「3つ以上のものを比べて、〜が一番…だ。」
という意味を出すときに使う表現なんです。
つまり「勝負で一番になった！」という優勝報告のことですな。
形容詞や副詞の**最上級**の作り方はもう完璧ですかな!?
心配な人は今一度確認しておきましょうね。(☞P.25)

さて、最上級は形が重要なので、
まずは最上級の形を押さえてましょう。

● POINT ●

最上級の形

☐ the 最上級 in 単数名詞 → 単数名詞の中で一番最上級だ

☐ the 最上級 of 複数名詞 → 複数名詞の中で一番最上級だ

※副詞の最上級には the を付けないこともある

最上級を表す文は、普通このような形を取るわけです。
最上級は「3つ以上のものを比べて一番…だ。」という表現なので、
何の中で一番なのかを示さないといけませんよね。
で、「単数名詞の中で」なら「in 単数名詞」を使い、
「複数名詞の中で」なら「of 複数名詞」を使うわけです。
この in と of の使い分けには注意が必要ですよ。
最上級の前には the が付くのも要注意です。
では、最上級の形が頭に入ったところで、
例文5を見てみましょう！

例文 5

My son goes to bed the latest in my family.

▶私の息子は家族の中で一番遅く寝ます。

「the latest in my family」の部分が、

「the 最上級 in 単数名詞」の形になっているのに気がつきました？▼

それに気がつけば、

「単数名詞の中で一番最上級だ」という意味になるので、

「(私の息子は)家族の中で一番遅く(寝ます)」

という意味がシッカリとれますよね！

では、最後、例文6を見てみましょう！

Mark worked the hardest of us all.

▶マークは私たち全員の中で一番熱心に働いた。

この文は、「Mark worked hard.」が元の文ですよね。

「一生懸命に(hard)」という副詞の部分を

「私たち全員の中で一番一生懸命に」とするために、

「the 最上級 of 複数名詞」の形にして、

「the hardest of us all」にしたわけですね。

「us all」は「私たち全員」という意味なので、「複数名詞」です。

最上級は基本的な形が頭に入っていれば楽勝ですよね！

では、CHECK問題で、知識の確認テストをしましょう！

参考 ▼複数なのに単数 !?

family (家族)・class (クラス)・crowd (群衆)・team (チーム)・staff (職員)
のように、集団を表す名詞を「集合名詞」といいます。これらの名詞は、基本的
に「1つのまとまり(集合体)」として考えるので、通常は「単数名詞」として扱
われます。

第19講

CHECK問題

第19講のまとめ

★勝　　ち：比較級 than ..... ／ more 原級 than .....

★引き分け：as 原級 as .....

★負　　け：less 原級 than ..... = not as[so] 原級 as .....

問　空所に最も適する語句の番号を選びなさい。

☐**1** My daughter gets up (　　　) than I.
① early ② earlyer ③ more early ④ earlier

☐**2** Today is not (　　) as yesterday.
① so cold ② less cold ③ colder ④ more cold

☐**3** This book is (　　) than that one.
① difficulter ② as more difficult
③ more as difficult ④ much more difficult

☐**4** This dictionary is (　　　) as hers.
① thick ② thicker ③ as thick ④ more thick

☐**5** That computer is (　　) than this one.
① more good ② less good
③ gooder ④ less better

ここがポイント！

★比較では3つのポイントを確認！
❶ 何と何[誰と誰]を比べた？
❷ 何について比べた？
❸ 結果は？

答1　正解＝④　（訳：私の娘は私よりも早く起きます。）
　　★空所の後ろに than があるので、「勝ち」か「負け」パターンになると
わかる（負けの選択肢はないので勝ちパターン）。early（5字）は「子
音字＋y」なので、y を i に変えて er を付けた④が正解。

答2　正解＝①　（訳：今日は昨日ほど寒くない。）
　　★空所の後ろに as があるので、「引き分け」か「負け」パターンになる
とわかる。空所の前の not と合わせて負けパターンを作る①が正解。
so の代わりに as でもよい。負けパターンは2つの表現方法があるの
でシッカリ形を覚えましょう。

答3　正解＝④　（訳：この本はあの本よりもはるかに難しい。）
　　★空所の後ろに than があるので、「勝ち」か「負け」パターンになるが、
負けの選択肢はないので勝ちパターン。difficult は9字（6字以上）な
ので、more difficult になる。その more の前に、比較級の強調 much
が付いた④が正解。②と③は、「勝ち（more）」と「引き分け（as）」の両
方が入っていて形がおかしいので絶対に×。

答4　正解＝③　（訳：この辞書は彼女の辞書と同じくらい厚い。）
　　★空所の後ろに as があるので、「引き分け」か「負け」パターンになる。
よって③が正解。どうですか？　考え方が頭に定着してきました？

答5　正解＝②　（訳：あのコンピューターはこのコンピューターほど良くない。）
　　★空所の後ろに than があるので、「勝ち」か「負け」パターンになる。「負
け」は「less ＋原級＋than」になるので、②が正解。「勝ち」ならば
good の比較級は better になるので、①も③も×。

第2章の総まとめ

◆カタマリ一覧表

	名 詞 のカタマリ	形容詞 のカタマリ	副 詞 のカタマリ
不定詞	《名詞的用法》 [to V原]	《形容詞的用法》 〈to V原〉	《副詞的用法》 (to V原)
動名詞	[Ving]	×	×
分　詞	×	《分詞》 〈Ving[Vpp]〉	《分詞構文》※ (Ving[Vpp])
関係代名詞	[what .....]	〈who(m) .....〉	×

S, O, C
になれる!　　　名詞を飾る!
※分詞はCにもなれる!　　　名詞以外を飾る、
ただの修飾語

※「分詞構文」は高校英語の範囲

◆比較

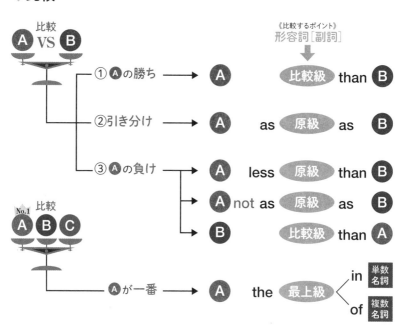

第3章
英文読解の練習

文法がシッカリ固まったところで、いよいよ
「英文読解」に挑戦です！ 長い英語長文も、
結局は1つ1つの文の集まり。シッカリと文
法と単語が理解できれば、必ず読解できます。
最後の章では、短めの英文読解を通じて、英
文を正確に速く読む練習をしていきますよ！

【音声学習】

下の二次元コードをスマートフォン等のカメラで読み
取ると、第3章の「英文音声」がストリーミング再生さ
れます（日本語音声はありません）。

読解練習の前に

この第3章では、第1・2章でマスターした英文法を使って、
実際に英語長文を読んでみましょう！
…え？ 長い英文になると、ちゃんと読めるかどうか心配？
大丈夫！ ものすごく平易でシンプルな、
中学レベルの単語と文法を使った長文なので、
ここまでシッカリと知識をつけてきた皆さんなら、必ず読めます！
長文はいくつもの文の集まりだから、
元となる1つ1つの文が読めれば、
当然、長文全体も理解できますよね。

資格試験の長文を読み解くためには、
もちろん技術的な「読解法」をマスターすることも有効です。
でも、結局のところ、この本で学んだ英文法や語彙などの基礎力、
つまり「普通に（速く）英文を読む力」をつければ、
いわゆる「パラグラフリーディング」などの
特別なテクニックに頼る必要はなかったりするんですよね。
だって、答えは英文の中に書いてあるんですから。

ということで、基本的な読解練習に進みましょう！
この章では、読解練習①から⑥まで、
合計6つの読解（リーディング）問題を解いてもらいます！
次の順番で、1つ1つじっくりと進んでいきますからね。

【読解練習の構成】
- **問題**（＋設問）　…問題文と設問
- **重要語句**チェック　…問題文中にある重要語句とその意味
- **英文構造**と和訳　…問題文の構造と和訳
- 読解の**ポイント**　…各文を読解する際のポイント
- 設問の**解答**　…設問の正解（＝答）と和訳
- 設問の**解説**　…解答の根拠や考え方、重要語句など

これらが、見開き単位（⌈の部分が見開き構成）で進んでいきます。
「右ページの上」には、常に以下の表示があります。

読解練習 ▶ ①重要語句 ▶ ②英文構造 ▶ ③ポイント ▶ ④解答 ▶ ⑤解説

色の濃い部分が、表示中のページ（＝現在地）ですからね。

あと、本書の「英文構造と意味」などのページでは、
カタマリを次のように区切って表していることにも注意！

【本書の「カタマリ」表示】

　　［　］＝**名詞のカタマリ**

　　〈　〉＝**形容詞のカタマリ**

　　（　）＝**副詞のカタマリ**　　　　　　　※（　）の中の（　）には［　］を使用

　　{　}＝**接続詞の前後**で並んでいるカタマリ（例：{　}and{　}）

　　　　　　　　　　　　　　　　　　　※{　}の中の{　}には《　》を使用

なお、{　}だけは、カタマリじゃなくても（1語でも）付いています。
また、基本的に**文末の**（　）は省略しています。
（わざわざ（　）で示さなくてもわかるので）

ちなみに、「It is … to V原」のような形式主語構文や、
「There is[are] ～」などの特殊な文型、
または「have been in」のような複雑な熟語を含んだ文は、
あえて **SVOC** の色分けをしていません。
これらは「基本5文型」から外れた（または変形した）、
特殊で例外的（慣用的）な形だったりするので、
色分けするとかえって混乱しちゃいますからね！

ということで、準備はいいですかな？
では、英文読解の練習、行ってみましょう！

問題　次の英文を読んで下の設問に答えましょう。

All human beings make mistakes. Mistakes are a way to grow and learn. If I have grown up with perfectionistic parents who saw making mistakes as bad, I will probably believe that I am bad if I make mistakes. Then, I may never admit that I made mistakes, or if I admit it, I may try to make someone else responsible for it.

設問　次の空所に入る最も適当な語句を選びましょう。

(1) According to the passage, perfectionistic parents are those who would (　　) .

　a: want their children to do everything right

　b: look at mistakes perfectly

　c: see their children becoming good by making mistakes

　d: value mistakes so that they can learn from them

(2) This article is mainly about (　　) .

　a: mathematics

　b: chemistry

　c: economics

　d: education

212

Ⅰ 重要語句チェック

❶文目

☐ human beings　　　　　: 熟 人間
☐ make a mistake　　　　: 熟 間違いをおかす

❷文目

☐ mistake　　　　　　　: 熟 間違い
☐ way　　　　　　　　　: 熟 方法，手段
☐ grow　　　　　　　　　: 熟 成長する

❸文目

☐ if S V　　　　　　　　: 熟 もしも S が V するならば
☐ grow up　　　　　　　: 熟 成長する
☐ perfectionistic　　　　: 熟 完全主義の
☐ see A as B　　　　　　: 熟 A を B とみなす
☐ probably　　　　　　　: 熟 恐らく
☐ believe　　　　　　　: 熟 信じる

❹文目

☐ then　　　　　　　　　: 熟 そのとき，それ故に
☐ admit　　　　　　　　: 熟 認める
☐ try to V原　　　　　　: 熟 V しようと（努力）する
☐ someone else　　　　　: 熟 誰か他の人
☐ responsible (for ～)　: 熟 （～に）責任がある

※ be responsible for ～：熟 ～に責任がある

第20講 読解練習①

213

2 英文構造と和訳

❶ All human beings make mistakes.

▶すべての人間は間違いをおかす。

❷ Mistakes are a way to {①grow} and {②learn}.

▶間違いとは {①成長し}、{②学習する} ための１つの手段なのだ。

❸ (If I have grown up with perfectionistic parents ⟨who saw making mistakes as bad⟩), I will probably believe [that I am bad (if I make mistakes)].

▶ (もし私が、⟨間違いをおかすことを悪いとみなす⟩ 完璧主義の親に育てられていたら)、私は恐らく [(間違いをおかしたら) 自分は悪いのだ] と信じてしまうだろう。

❹ (Then), {①I may never admit [that I made mistakes]}, or {②(if I admit it), I may try to make someone else responsible for it}.

▶ (それゆえ)、{① [私は間違いをおかした] と決して認めないかもしれないし}、{② (もし認めたとしても)、それを他の誰かの責任にしようとするかもしれない}。

3 読解のポイント

❶ ◎「make a mistake ＝ 間違いを（１つ）おかす」という熟語ですが、ここでは「make mistakes **（複数）**」になっているので、「間違いを（複数）おかす」というニュアンスになっていますね。

❷ ◎「a way〈to V原〉＝〈V する〉方法・〈V する〉手段」という不定詞の形容詞的用法を使った重要表現！ だから〈to grow and learn〉は、形容詞のカタマリとなって前の a way を飾っているんですね。
　◎ 不定詞の形容詞的用法は、「名詞〈to V原〉」で、「〈V する〉名詞」「〈V するための〉名詞」「〈V すべき〉名詞」のような意味になります。（☞P.110）

❸ ◎ 動詞が５つ（have grown up ／ saw ／ will believe ／ am ／ make）あるので、接続詞は４つ必要ですね！（動詞の数 － １＝接続詞の数）
　・**If** …後ろのカンマまで（副詞のカタマリ）を作っている！
　・**who** …「□人□ who V ＝ 主格の関係代名詞」なので、カンマまで〈形容詞のカタマリ〉を作っている！
　・**that** …他動詞 believe（〜を信じる）の目的語の位置にあるので、［名詞のカタマリ］だとわかる。
　・**if** …他動詞の目的語になっているわけではないので、（副詞のカタマリ）！（☞P.154）
　◎ making mistakes の making は動名詞。動詞と間違わないようにしましょうね。（☞P.124）

❹ ◎ ②のカタマリの中に（if S V）がありますね。「① or ②」「① and ②」は、基本的に②**の先頭にある副詞は無視して考え**ましょう。副詞同士を並べている場合は無視しちゃダメですけどね。
　　つまり、②は（if I admit it）という副詞のカタマリを無視。I may try で始まっていると考えて、①は I may never admit から文が切れているカンマの前まで、と考えればいいんです。

4　設問の解答

(1)　（According to the passage）, perfectionistic parents are |those|
〈who would （　　　　）〉.

答　a:　want their children to do everything right

b:　look at mistakes perfectly

c:　see their children becoming good by making mistakes

d:　value mistakes so that they can learn from them

訳》（文章によると）、完璧主義の親とは（　　　）人である。

a:　自分の子供たちにすべての物事を正しく行ってもらいたいと思う

b:　完璧に間違いに注目する

c:　自分の子供たちが、間違いをおかすことにより、立派に成長し
ていると思っている

d:　彼らがそれらから学び取れるように、間違いを評価する

(2)　This article is mainly about （　　　）.

a:　mathematics

b:　chemistry

c:　economics

答　d:　education

訳》　この記事は主に、（　　　）についてである。

a:　数学

b:　化学

c:　経済学

d:　教育

⑤ 設問の解説

(1)

この問題は、❸文目の下線部の後ろにある関係代名詞 who に注目です！

関係代名詞は、形容詞のカタマリを作って、

前にある 名詞 （＝先行詞）を**説明する**のが主な働きでしたよね！

つまり、「完璧主義の親＝間違いを悪いとみなす親」となります。

裏を返せば「完璧主義の親＝正しいことを良いとみなす親」となるので、

a が正解となるんです。

資格試験などでも、**本文がそのまま解答の文になっていることはほぼない**ので、意味をひっくり返して考えてみる癖をつけておきましょう！

　　　▼重要語句

　　　☐ **according to ～** : 熟 ～によると

　　　☐ **passage** : 名 一節，引用された部分

　d: ☐ **value** : 動 評価する

　　　☐ **so that S 助動詞 V原** : 熟 S が V するように（目的）

(2)

❶文目はその長文のテーマであることが多く、

❷文目以降はテーマに沿って話を具体的にしていくサポートの働きをしていることが多いんです。

この文章の❶文目は「すべての人間は間違いをおかす」と始まり、

❷文目で「成長」や「学習」に結びつけてテーマを具体的にしていっているので、d の「教育」がテーマだと考えられるんです。

　　　▼重要語句

　　　☐ **article** : 名 記事

問題　次の英文を読んで下の設問に答えましょう。

Expressing emotions has positive effects, not only on our mental health but also on our physical health. In a study, two groups of college students were asked to visit a researcher's room everyday for three days. One group wrote essays about the most painful events of their lives, as well as their deepest thoughts and feelings about the events. The other group was given a neutral topic to write about, that was, the shoes they were wearing. Two months later, the group that wrote about painful events was found physically healthier than the other group.

設問　What did the two groups of college students do?

a: One group wrote about painful events, and the other one wrote about shoes.

b: One group went to a researcher's room, and the other one wrote essays on health.

c: One group wrote about health, and the other one wrote about shoes.

d: One group put on shoes, and the other one wrote essays about painful events.

1 重要語句チェック

❶文目

☐ express : 熟 表現する

☐ emotion : 熟 感情

☐ positive : 熟 有益な，プラスの；前向きの

☐ effect : 熟 影響
<small>えいきょう</small>

☐ not only ① but also ② : 熟 ①だけでなく②も
　 =② as well as ①

☐ mental : 熟 精神的な

☐ physical : 熟 肉体的な

☐ health : 熟 健康

❷文目

☐ study : 熟 研究

☐ researcher : 熟 研究者

❸文目

☐ essay : 熟 レポート，小論

☐ painful : 熟 困難な，苦しい

☐ event : 熟 出来事

☐ deep : 熟 深い

☐ thought : 熟 考え

☐ feeling : 熟 感情，感覚

❹文目

☐ neutral : 熟 際立った特徴のない，中立の

☐ topic : 熟 話題，テーマ

☐ **A, that is, B** : 熟 **A**、すなわち **B**

☐ wear : 熟 身につけている

❺文目

☐ physically : 熟 肉体的に

☐ healthy : 熟 健康な

2 英文構造と和訳

❶ ［Expressing emotions］ has positive effects, not only ｛① on our mental health｝ but also ｛② on our physical health｝ .

▶［感情を表現すること］は、｛① 私たちの精神的な健康｝ だけでなく、｛② 肉体的な健康｝ にも、有益な影響を及ぼす。

❷ （In a study）, two groups of college students were asked to visit a researcher's room everyday for three days.

▶（ある研究では）、2つの大学生のグループが、3日間毎日研究者の部屋を訪れるよう頼まれた。

❸ One group wrote essays about ｛② the most painful events of their lives｝ , as well as ｛① their deepest 《① thoughts》 and 《② feelings》 about the events｝ .

▶ 1つのグループは ｛① 出来事についての最も深い《① 考え》や《② 感情》｝ だけでなく、｛② 日常の最も苦痛な出来事｝ についてもレポートを書いた。

❹ The other group was given a neutral topic to write about, that was, the shoes 〈they were wearing〉.

▶ もう一方のグループは、書くのに差し障りのないテーマを与えられ、そのテーマとは、〈彼らが履いている〉靴であった。

❺ （Two months later）, the group 〈that wrote about painful events〉 was found physically healthier than the other group.

▶（2カ月後）、〈苦痛な出来事について書いた〉グループは、もう一方のグループよりも肉体的により健康であることがわかった。

3 読解のポイント

❶ ◎ Expressing は、主語のカタマリを作っているので、動名詞ですね。

◎「not only ① but also ②」の ① と ② に、「effects on 〜 ＝ 〜への影響」の「on 〜」が入れられた形になっています。つまり、「① へだけでなく ② への影響」となっていることに注意ですよ。

❷ ◎「ask 人 to V原 ＝ 人 に V するように頼む」が受け身 [受動態] になって、「人 be asked to V原 ＝ 人 が V するよう頼まれる」という形になっているのがわかれば簡単に読めますよね！（☞P.78）

❸ ◎「② as well as ① ＝ not only ① but also ②」なので、和訳問題では①と②を逆に訳さないように注意するべし！

◎「① and ②」は、後ろと前で同じ形を並べるので、① が thoughts、② が feelings になりますよね。つまり、their deepest が ① thoughts と ② feelings の両方にかかっているんですね。（☞P.146）

❹ ◎「, that was,」は「A, that is, B ＝ A、すなわち B」という**言い換えの記号**の過去形なんです。ここでは「A ＝ レポートを書くための特徴のないテーマ」すなわち「B ＝ 彼らが履いている靴」と、わかりやすく言い換えてくれているんですね。

❺ ◎ 動詞が 2 つ（wrote，was found）あるので、that は接続詞の働きをしていることになる。さらに、that のカタマリには主語が無いので、that は関係代名詞とわかる。もちろんカタマリは 2 つ目の動詞（was found）の前までですよ！（☞P.178）

◎「the other 〜」は、**2 人や 2 つの物**などについて話をしているときに、「もう一方の〜」という意味で使います。これも長文では頻出表現なのでシッカリ覚えておきましょう。

4 設問の解答

What did the two groups of college students do?

答 a: {①One group wrote about painful events} , and {②the other one wrote about shoes} .

b: {①One group went to a researcher's room} , and {②the other one wrote essays on health} .

c: {①One group wrote about health} , and {②the other one wrote about shoes} .

d: {①One group put on shoes} , and {②the other one wrote essays about painful events} .

訳》 2 つの大学生のグループは何をしたか。

a: {①一方のグループは苦痛な出来事について書き}、{②もう一方のグループは靴について書いた}。

b: {①一方のグループは研究者の部屋に行き}、{②もう一方のグループは健康についてのレポートを書いた}。

c: {①一方のグループは健康について書き}、{②もう一方のグループは靴について書いた}。

d: {①一方のグループは靴を履き}、{②もう一方は苦痛な出来事についてレポートを書いた}。

5 設問の解説

❸文目に「One group」がしたことが書いてあり、

❹文目に「The other group」がしたことが書いてある。

その2文から、解答は a だとわかりますよね。

他の選択肢 b・c・d は、本文のどこにも書いていない。

本文に書いていないことは正解にはならないので、

まずはシッカリ本文を理解するための読解力を磨いていきましょうね！

ちなみに、「One ..... . The Other 〜 . = 一方は ..... 。もう一方は〜。」は

対比の関係といって、文章を読む際の重要なポイントなんです。

対比の関係にある文は**逆の内容になる**のが基本ですからね。

この文では、「重いテーマのレポート」と「軽いテーマのレポート」が対

比されていますよね。

これからは、本文にこのような対比が出てきたら、すかさずチェックし、

カタマリ読みで正確に文章を読む習慣をつけましょう！

第 **21** 講 読解練習②

問題　次の英文を読んで下の設問に答えましょう。

During winter, some people feel unhappy and have trouble concentrating. Doctors call these winter blues SAD, or Seasonal Affective Disorder. Scientists believe that people get SAD because there is less daylight in winter than in other seasons.

This lack of light can affect the body. To help people with SAD, doctors find ways for them to get more light. For example, patients could sit in front of a light box or spend more time outside.

設問　次の空所に入る最も適当な語句を選びましょう。

(1)　The main idea of this passage is that (　　　).

a: doctors tell people to concentrate

b: people need help in winter

c: people need to exercise

d: less light makes some people feel sad

(2)　People with SAD need (　　　).

a: more fresh air

b: more light

c: more doctors

d: more scientists

1 重要語句チェック

❶文目

☐ during ~	: 熟 ～の間じゅう
☐ some people	: 熟 ..... という人もいる
☐ have trouble (in) Ving	: 熟 V するのに苦労する

❷文目

☐ blues	: 熟 憂（ゆう）うつ
☐ call O C	: 熟 O を C と呼ぶ
☐ seasonal	: 熟 季節ごとの
☐ affective	: 熟 情動的な，感情の
☐ disorder	: 熟 障害，混乱

❸文目

| ☐ daylight | : 熟 日光 |
| ☐ there is[are] ～ + 場所 | : 熟 場所 に～がある[いる] |

※～ に入る名詞が S になる特殊な文。～が単数なら is、複数なら are を使う。

| ☐ less **A** than **B** | : 熟 **B** よりも **A** が少ない |

❹文目

| ☐ lack of ～ | : 熟 ～不足 |
| ☐ affect | : 熟 影響を与える |

❺文目

| ☐ with ～ | : 熟 ～を持った |

❻文目

☐ have trouble (in) Ving	: 熟 V するのに苦労する
☐ patient	: 熟 患者（かんじゃ）
☐ could **V**原	: 熟 **V** してもよい
☐ in front of ～	: 熟 ～の前に
☐ spend 時間	: 熟 時間 を過ごす

※活用：spend - spent - spent

2 英文構造と和訳

❶ (During winter), some people {①feel unhappy} and {②have trouble concentrating}.

▶（冬の間じゅう）、{①悲しくなったり}{②集中するのに苦労する} 人がいる。

❷ Doctors call these winter blues {①SAD}, or {②Seasonal Affective Disorder}.

▶医者はこれらの冬の憂うつを {① SAD}、すなわち {②季節性情動障害} と呼ぶ。

❸ Scientists believe [that people get SAD (because there is less daylight in winter than in other seasons)].

▶科学者は、[（他の季節よりも冬は昼光が少ないので）、人々は SAD になる] と信じている。

❹ This lack of light can affect the body.

▶この光の不足は肉体に影響を与えかねない。

❺ (To help people with SAD), doctors find ways for them to get more light.

▶（SAD にかかっている人々を助けるために）、医者は彼らがより多くの光を得る方法を見つけるのだ。

❻ (For example), patients could {①sit in front of a light box} or {②spend more time outside}.

▶（例えば）、患者が {①ライトボックスの前に座ってもよいし}、または {②より多くの時間を外で過ごすのもよい}。

3 読解のポイント

❶ ◎ **S V** の前に置けるのは副詞のみ→（During winter）

◎ and は後ろと前で同じ形を並べ、「① and ②」となる！　この文は、②が動詞 have で始まっているので、①も動詞 feel から and の前までとわかりますね。(☞P.146)

❷ ◎ or も and と同じように、① or ②になります。だから、②が**名詞**Seasonal Affective Disorder なので、①も**名詞** SAD になるんですね。

◎ ① or ②は「①または②／①すなわち②」の２つの意味があります。

◎「call **O C** = **O** を **C** と呼ぶ」の **C** が or で並べられている点に注目！

❸ ◎ 動詞が３つ（believe ／ get ／ is）あるので、接続詞は２つ必要ですね。

・that …他動詞「believe = ～を信じる」の「～を（目的語）」の位置にあるので、ピリオドまで名詞のカタマリを作っている！

・because …接続詞は副詞のカタマリを作るので、because からピリオドまで副詞のカタマリ！

❹ ◎ can は「可能（できる）・可能性（可能性がある）・許可（してもよい）」の３つの意味を覚えてくださいね！　この文のように、長文では**「可能性」の意味で使うことが多い**ですよ。(☞P.69)

❺ ◎ **S V** の前に置けるのは副詞のみなので、（to **V**原）は不定詞の副詞的用法。不定詞の副詞的用法で、**S V** の前に置けるのは**「目的」「条件」の２つのみ**。「条件」は仮定法の文で使うのが一般的なので、この（To **V**原）は「**V** するために・**V** するように」という「目的」の意味だとわかる！(☞P.116)

◎「ways for 人 to **V**原 ＝ 人 が **V** する方法」は、「a way to **V**原」に不定詞の意味上の **S** が付いた形ですよ。(☞P.106)

❻ ◎ ②が動詞 spend で始まっているので、①は動詞 sit から or の前まで。spend が原形なので、過去形の could も①に入れないように注意！

4 設問の解答

(1)　The main idea of this passage is that (　　　) .

　　a:　doctors tell people to concentrate

　　b:　people need help in winter

　　c:　people need to exercise

　答　d:　less light makes some people feel sad

訳》　この文章の主な考えは、(　　　) ということである。

　　a:　医者が人々に集中するように言う

　　b:　人々は冬に助けを必要とする

　　c:　人々は運動が必要である

　　d:　日光不足により、悲しくなってしまう人もいる

(2)　People with SAD need (　　　) .

　　a:　more fresh air

　答　b:　more light

　　c:　more doctors

　　d:　more scientists

訳》　SAD にかかっている人々は (　　　) が必要である。

　　a:　より多くの新鮮な空気

　　b:　より多くの光

　　c:　より多くの医者

　　d:　より多くの科学者

5 設問の解説

(1)

❶文目は、その長文のテーマであることが多いんです。

最初の文は「冬の間じゅう、悲しくなったり、集中するのに苦労する人もいる」という話題（テーマ）で始まっていますね。

その後の文は、テーマに沿って「その名称→その原因→その治療法（ちりょうほう）」と話が展開しているので、main idea は d ですね。

a: → 集中できない人に医者は治療法を見つけてあげるので×。

b: → 「people」では一般人全体を指すことになるので×。

c: → 「people」では一般人全体を指してしまうし、exercise に関して本文では触れていないので、もちろん×。

▼重要語句

a: ☐ tell 人 to V原 ：熟 人 に V するように言う

c: ☐ need to V原 ：熟 V する必要がある

☐ exercise ：熟 運動する

d: ☐ S make 〜 V原 ：熟 S のせいで、〜 は V する

(2)

❸文目に「科学者は、他の季節よりも冬は昼光が少ないので、
人々は SAD になると信じている」とあり、

❺文目には「SAD にかかっている人々を助けるために、
医者は彼らがより多くの光を得る方法を見つけるのだ」とあるので、
SAD は日光不足が原因で、
治療にはより多くの日光が必要だとわかりますよね。
だから b が正解！

▼重要語句

a: ☐ fresh ：熟 新鮮な

問題　次の英文を読んで下の設問に答えましょう。

York is one of the most beautiful cities in England. It is very popular with tourists because there are so many things to see. In the centre of the city there is the York Minster, which is the largest medieval church in Europe. The building is more than 700 years old, and took 250 years to complete. The church has many large windows. One window is as big as a tennis court! Nearby is a castle, and you can walk round the city on the old castle walls. There are several museums in York too. The National Railway Museum is the most famous because it houses the biggest collection of trains and railway equipment in the UK. Recently, the museum has acquired one of Japan's first Bullet Trains.

設問　次の空所に入る最も適当な語句を選びましょう。

(1)　York is popular with tourists for (　　　).
　　a: sporting facilities
　　b: historic sites
　　c: amusement places
　　d: delicious food

(2)　How long did it take to build the York Minster?
　　a: 700 years
　　b: 250 years
　　c: 950 years
　　d: 500 years

I 重要語句チェック

❶文目

☐ one of the 最上級 複数名詞 ： 熟 最も 最上級 な 複数名詞 の 1 つ

❷文目

☐ popular ： 熟 人気のある，評判の良い

☐ tourist ： 熟 旅行者

❸文目

☐ the centre of ～ ： 熟 ～の中心地，～のまん中

☐ medieval ： 熟 中世の

❹文目

☐ more than ～ ： 熟 ～より多い，～以上で

☐ complete ： 熟 完成させる

❼文目

☐ nearby ： 熟 近くに，近くで

☐ castle ： 熟 城

☐ wall ： 熟 壁

❽文目

☐ several ： 熟 いくつかの

☐ museum ： 熟 博物館

❾文目

☐ national ： 熟 国家の

☐ railway ： 熟 鉄道

☐ famous ： 熟 有名な

☐ house ： 熟 所蔵する，収容する

☐ equipment ： 熟 備品，装備

❿文目

☐ recently ： 熟 つい最近

☐ acquire ： 熟 獲得する

☐ bullet train ： 熟 新幹線

第23講 読解練習④

231

2 英文構造と和訳 (1/2)

❶ York is one of the most beautiful cities in England.

▶ヨークはイングランドで最も美しい都市の１つである。

❷ It is very popular with tourists (because there are so many things to see).

▶（非常にたくさん見る物があるので）、旅行者にとても人気がある。

❸ (In the centre of the city) there is the $\boxed{\text{York Minster}}$, ⟨which is the largest medieval church in Europe⟩.

▶（その都市の中心には）ヨーク大聖堂があり、⟨それはヨーロッパで最も大きな中世の教会である⟩。

❹ The building {①is more than 700 years old}, and {②took 250 years to complete}.

▶その建物は {①築700年以上であり}、{②完成に250年かかった}。

❺ The church has many large windows.

▶その教会にはたくさんの大きな窓がある。

❻ One window is as big as a tennis court!

▶１つの窓はテニスコートと同じくらい大きいのだ！

3 読解のポイント（1/2）

❶ ◎ 重要表現「one of the 最上級 複数名詞」は、最上級 の後ろに 複数名詞 がきていることに注意して覚えましょう！（☞P.204）

❷ ◎ 重要表現「there is 〜」は、be動詞の後ろの「〜」の部分が主語になるちょっと変わった表現なんです。「there is 単数名詞」「there are 複数名詞」のように、be動詞の後ろの名詞が単数か複数かで be動詞の**形が変わるところに注意**ですよ。

❸ ◎ 関係詞の直前にカンマがあるときは、カンマまでを先に訳して、関係詞のカタマリは補足説明のように後から訳すんです。この文では、「, which is .....」のカタマリで、「ヨーク大聖堂」とはどのような大聖堂なのかを補足的に後から説明しているんですね。

❹ ◎ and の後ろの②が動詞 took で始まっているので、①は動詞 is からand の前までとなりますよね。

❺ ◎ 「the」は「前に１度出てきた名詞」に付くのが１番基本的な使い方です。つまり、The church は前に１度出てきた教会ということになるので、The church ＝ the York Minster となることを確認しておきましょう！

▼重要語句

☐ the ・**前に１度出てきた名詞**に付く
・「the sun」のように**誰もが「あれね！」とわかるもの**に付く
・**後ろに形容詞のカタマリが付いている名詞**に付く

❻ ◎ as … as 〜（〜と同じくらい…だ）は比較の重要表現なのでシッカリ頭に入れておきましょう！（☞P.201）

2 英文構造と和訳 (2/2)

❼ {① (Nearby) is a castle}, and {② you can walk round the city on the old castle walls}.

▶ {① (近くには) 城があり}、{② 古い城壁に沿って歩けば、都市を一周することができる}。

❽ There are several museums in York too.

▶ ヨークにはいくつかの博物館もある。

❾ The National Railway Museum is the most famous (because it houses the biggest collection of {① trains} and {② railway equipment} in the UK).

▶ 国立鉄道博物館は、({① 電車} や {② 鉄道備品} の、英国で最大のコレクションを所蔵しているので)、最も有名である。

❿ (Recently), the museum has acquired one of Japan's first Bullet Trains.

▶ (最近では)、その博物館は日本の最初の新幹線の 1 つを手に入れた。

3 読解のポイント (2/2)

❼ ◎ ①はもともと「A castle is nearby」という文でした。でも、「近くに」を
強調したいので Nearby を文頭に持ってきたんです。このとき、後ろの
S V が「**V S**」と**疑問文のような語順になる**ことに注目！

　このように、強調したい語句を前に持ってくると、後ろの語順が疑
問文のような語順になることを**倒置**といいます。

❽ ◎「several ＝いくつかの」なので、後ろの名詞が**複数形**になることに注
目！　もちろん「There **are** 複数名詞」という形になっていることにも注
目ですよ！

❾ ◎「① and ②」は①と②が同じ形なので、{①trains} and {②railway
equipment} のように名詞を並べているのがわかる。

　そして、文末にある in the UK は、①と②の両方にかかっているこ
とになるので、「英国の {①電車} や {②鉄道備品}」となっているとこ
ろに注意！（☞P.146）

◎「because it houses ..... 」の it は、前の文（＝ The National Railway
Museum is the most famous）の名詞を指す代名詞なので、「it ＝ The
National Railway Museum」となっていることも要チェックです！

　代名詞が何を指しているのか迷うときは、the National Railway
Museum houses the biggest collection.（国立鉄道博物館は最大のコレ
クションを所蔵している。）のように、代入して考えるとわかりやすい
ですよ。

❿ ◎「one of 複数名詞」も one of の後ろが 複数名詞 であることに注目！

4 設問の解答

(1)　York is popular with tourists for (　　　) .
　　　a:　sporting facilities
　答 b:　historic sites
　　　c:　amusement places
　　　d:　delicious food

訳》　ヨークは (　　　) のために旅行者に人気がある。
　　　a:　スポーツ施設
　　　b:　歴史的な場所
　　　c:　娯楽場
　　　d:　おいしい食べ物

(2)　How long did it take to build the York Minster?
　　　a:　700 years
　答 b:　250 years
　　　c:　950 years
　　　d:　500 years

訳》　ヨーク大聖堂を建てるのにどのくらいの期間がかかりましたか？
　　　a:　700年
　　　b:　250年
　　　c:　950年
　　　c:　500年

5 設問の解説

(1)

❷文目で「非常にたくさん見る物がある」ので、旅行者にとても人気がある」と書いてあり、❸文目と❹文目から、見る物の1つが歴史ある「ヨーク大聖堂」であることがわかる。

さらに、❼文目で「古い城」が登場し、最後の❿文目では「日本の最初の新幹線」という歴史を感じさせる古い物を展示する博物館まで登場しているので、解答は b でバッチリですね。

▼重要語句

a: ☐ facility : 熟 施設，設備
b: ☐ historic : 熟 歴史的な
    ☐ site : 熟 場所
c: ☐ amusement : 熟 楽しみ，娯楽

(2)

これは❹文目に「完成に250年かかった」とバッチリ書いてあるので、間違いなく b が正解！

▼重要語句

☐ **It takes** (☐人☐) ☐時間☐ **to V**原 : 熟 (☐人☐が) **V** するのに ☐時間☐ かかる
☐ **How long does it take** (☐人☐) **to V**原 ..... ?
      : 熟 (☐人☐が) **V** するのにどのくらい ☐時間☐ がかかりますか
      ※かかる時間がわからないとき、その時間をたずねる表現

問題 次の英文を読んで下の設問に答えましょう。

I came to England last summer. I have been in England for eleven months. I am going to finish my studies in England soon, and will leave for Japan next month.

At first it was very difficult for me to communicate with other people in English. Now I can speak English much better, and even understand English television, because I have studied hard and my teachers and classmates have helped me a lot.

I have many English friends now. Some of them have often invited me to dinner at their houses. They are really interested in Japan and Japanese people. Every time they ask me a lot of questions, I realize how little I know about my own country.

I have been very happy this year. I have taken trips to many places all over Britain and enjoyed playing football. Now I must say good-bye. I will never forget my friends in England.

設問 本文の内容と一致するものを2つ選び記号で答えましょう。

a: I will go back to Japan this summer.

b: I will come back to England to see my friends again.

c: I have learned a lot about my own country.

d: I have traveled all around Britain.

e: I have often played baseball with my English friends.

Ⅰ 重要語句チェック

❷文目

☐ have been in ～ ：熟 ～に滞在している，～に住んでいる

❸文目

☐ leave for ～ ：熟 ～へ向かって出発する

❹文目

☐ at first ：熟 最初は

☐ it is … (for ～) to V原 ：熟 （～にとって）V するのは…だ

☐ difficult ：熟 難しい

☐ communicate with ～ ：熟 ～と意見を伝え合う

❺文目

☐ much + 比較級 ：熟 はるかに 比較級

☐ even ..... ：熟 ..... でさえ

❼文目

☐ some of ～ ..... ：熟 ～の中には ..... という人もいる

☐ invite 人 to 場所 ：熟 人 を 場所 へ招待する

❽文目

☐ be interested in ～ ：熟 ～に興味がある

❾文目

☐ every time S V ：熟 S が V するたびに

☐ realize ：熟 はっきり理解する

☐ own ：熟 自身の

⓫文目

☐ take a trip to ～ ：熟 ～へ旅行する

⓭文目

☐ never V ：熟 決して V しない

☐ forget ：熟 忘れる

2 英文構造と和訳 (1/2)

❶ I came to England last summer.

　　▶私は去年の夏にイギリスへやって来た。

❷ I have been in England for eleven months.

　　▶私は 11 カ月間イギリスに滞在(たいざい)している。

❸ I {①am going to finish my studies in England soon} , and {②will leave for Japan next month} .

　　▶私は {①もうすぐイギリスでの勉強を終え}、{②来月日本に向けて発つ予定だ}。

❹ (At first) it was very difficult [for me to communicate with other people in English].

　　▶ (最初は) [私にとって英語で他の人たちと意思の疎通(そつう)を図ること] はとても難しかった。

❺ (Now) I can {①speak English much better} , and {②even understand English television} , (because {①I have studied hard} and {②《①my teachers》and《②classmates》have helped me a lot}) .

　　▶ (現在) 私は {①英語をはるかに上手に話すこと} や、{②英語のテレビを理解することさえ} できる。(なぜなら {①一生懸命に勉強している} し、{②《①先生》や《②同級生》が色々と手助けしてくれた} からだ)。

❻ I have many English friends now.

　　▶私には現在イギリス人の友達が大勢いる。

③ 読解のポイント (1/2)

❶ ◎ **場所・時**を表す副詞は文頭か文末に置く →文末に (last summer) (☞P.17)
※場所・時を表す副詞が両方ある場合→ (場所＋時) の順番

❷ ◎「have ＋ V_{pp} ..... for 期間 ＝ 期間の間 (ずっと) V している」という**現在完了の「継続」の意味になる！** (☞P.58)

❸ ◎ 今回の and は②が動詞 will leave で始まっているので、①は am going to finish から and の前までですね。だんだん慣れてきました？

❹ ◎ **S V** の前に持ってこれるのは副詞のみ→ (At first)
◎「it is … (for 〜) to $V_原$」の **it は形式主語** → it の後ろにある本当の主語のカタマリ [(for 〜) to $V_原$] **を指している！** (☞P.105)
it は日本語に**訳さず**、[(for 〜) to $V_原$] を主語として訳しますからね！

❺ ◎【1番目の and】「① and ②」や「① or ②」は、基本的に②**の先頭にある副詞は無視して考える**。つまり、even を無視すると②は動詞 understand で始まっているので、①は動詞 speak から and の前までと考えればいいんです。
◎ much better →「than 〜」が省略された比較級は、文脈から「than 〜」を考えるんです。ここは、「現在、私は〜」という文なので、「昔の私」と比べていると想像できますよね。つまり、「現在、私は**以前の私よりも英語をはるかに上手に話すことができる。**」という感じになるんですね。
◎ (because **S V**) を今回は後で訳していますが、「, because **S V**」のようにカンマがあるときは、カンマまでを先に訳してあげるときれいな訳になるんです。

❻ ◎ **数えられる名詞**で「たくさんの〜」 ＝ many ＋ 複数名詞
数えられない名詞で「たくさんの〜」 ＝ much ＋ 単数名詞 (☞P.11)

2 英文構造と和訳 (2/2)

❼ Some of them have often invited me to dinner at their houses.

▶彼らの中には、しばしば自分の家の夕食に私を招待してくれる人もいた。

❽ They are really interested in {①Japan} and {②Japanese people}.

▶彼らは {①日本} や {②日本人} に本当に興味を持っている。

❾ (Every time they ask me a lot of questions), I realize [how little I know about my own country].

▶ (彼らが私にたくさん質問するたびに)、私は [自分の国についてほとんど知らないということ] に気づく。

❿ I have been very happy this year.

▶私は今年大変幸せだ。

⓫ I have {① taken trips to many places all over Britain} and {② enjoyed playing football}.

▶私は {①イギリス中のたくさんの場所へ旅行した} し、{②フットボールをして楽しみもした}。

⓬ (Now) I must say good-bye.

▶ (もう) 行かなければならない。

⓭ I will never forget my friends in England.

▶私はイギリスの友人のことを決して忘れないだろう。

③ 読解のポイント (2/2)

❼ ◎「some of 人 ..... 」の意味は「 人 の中には ..... という人もいる」。

❽ ◎ 副詞は泥棒みたいに長文のあちこちに入ってきます。今回は副詞 really が熟語「be interested in 〜」の be の後ろに入っているのでまぎらわしいですが、熟語を見落とさないように注意！

❾ ◎「ask 人 事 = 人 に 事 をたずねる」という形に注意！
　◎ who、where、when、how などの疑問詞は、文中で**名詞のカタマリ**を作れる（間接疑問文）。今回は他動詞 realize の後ろで ［how little **S V**］が**名詞（目的語）のカタマリ**になっているんです。(☞P.92)
　◎「little = ほとんど〜ない」という否定語に注意！

❿ ◎ **場所・時**を表す副詞は文頭か文末に置く→文末に（this year）

⓫ ◎ and の後ろ（②）には過去形または過去分詞形の enjoyed がきているので、and の前の過去形か過去分詞形から and の前までが①になりますよね。だから「have + **V**pp」の **V**pp（過去分詞形）である taken からが①だとわかります。

⓬ ◎「I must say good-bye now. = もうさよならを言わなければならない。」は、「もう行かなくちゃ！」とか、「もう電話を切らなくちゃ！」的な意味でよく使う会話表現なのでシッカリ覚えておきましょう！
　◎ now は時を表す副詞なので、文頭でも文末でも OK ！

⓭ ◎「never **V** = 決して **V** しない」という強い否定語！

4 設問の解答

設問　本文の内容と一致するものを 2 つ選び記号で答えましょう。

答 a: I will go back to Japan this summer.

b: I will come back to England to see my friends again.

c: I have learned a lot about my own country.

答 d: I have traveled all around Britain.

e: I have often played baseball with my English friends.

訳》 a: 私はこの夏日本へ帰国する予定だ。

b: 私は再び友人に会うためにイギリスへ戻ってくる予定だ。

c: 私は自分の国についてたくさん学んだ。

d: 私はイギリス中を旅行した。

e: 私はイギリス人の友人とよく野球をした。

⑤ 設問の解説

本文の内容と一致するのは a と d なんです。
1 つずつ選択肢を検証していきましょう！

a: 本文の❶文目で、「**去年の夏にイギリスへ来た**」とあり、
　　❷文目には「**11 カ月滞在している**」とあります。
　　さらに❸文目で「**来月帰国する**」こともわかるので、
　　去年の夏から 12 カ月＝ 1 年間の留学だったことがわかります。
　　ということは、もちろん季節は夏なので、a は内容と一致しますね！

b: これは本文のどこにも書かれていません。
　　したがって×。「本文の内容と一致するものを選ぶ」という問題なの
　　で、本文に書かれていないことは基本的に×です。

c: 本文❾文目に、「自分の国についてほとんど知らないことに気づく」
　　とあります。
　　「気づく」だけで「学んだ」とは書いていないので×！
　　帰国後にたくさん学ぶのかもしれませんが。（笑）

d: 本文⓫文目に「イギリス中のたくさんの場所へ旅行した」とバッチリ
　　書いてあるので、もちろん d は内容と一致しますよね！

e: 本文⓫文目に「**フットボール**」のことは書いてあるけど、
　　野球に関してはどこにも書かれていないので×！

▼重要語句

a: □ go back to 〜	:熟	〜へ戻っていく
b: □ come back to 〜	:熟	〜へ戻ってくる
c: □ learn	:熟	学ぶ
d: □ travel	:熟	旅行する

第3章の総まとめ

第3章では英文読解の練習をしてもらいましたが、
英文読解をした後、一番大切なのは、もちろん「復習」なんです！
「復習って、何をやればいいんですか？」という質問が多いので、
まとめとして、長文の復習法を教えちゃいます！

英語長文の復習法

① まず長文に出てきた単語・熟語などを覚える。

② 接続詞の作るカタマリを意識しながら、
　　1文1文の意味を正確にとっていく。

③ 問題をもう一度解き直し、なぜその答えになるのか、
　　なぜ他の答えはダメなのかを自分で説明してみる。

④ カタマリを意識しながら、音読をする。

⑤ 日本語にしなくても意味がわかるようになるまで、
　　読むスピードを意識的に速くしながら
　　同じ文を何度も音読する。

復習のとき、特に重要なのは⑤のルール。
はじめのうちは、同じ文を何度も音読する！
その方が、たくさんの長文を乱読するよりも圧倒的に効果があります。
構造がわかっている文を何度もくり返し読んでいるうちに、
同じような構造を無意識に見抜く力が養われていくんですよね。
英語は言葉なので、音読なくして向上はあり得ませんし、
音読なくしてスピードアップはあり得ません！
英語長文を読んだ後は、必ず音読する癖を身につけましょうね！
ちなみに、英語長文の問題演習をたくさんしたい人には、
ネイティブと一緒に音読復習ができる「動画」も付いた拙著、
『英語長文レベル別問題集【改訂版】』がおすすめですよ！（宣伝）

【巻末資料】
日常生活でよく使うコトバ

最後に、日常生活でよく使う単語・熟語など
をまとめました。起きてから寝るまで、日々
の生活でよく目にするもの（計195語）。「カ
タカナ語」を含むセットで覚えておきたい名
詞（274語）。あらゆる場面、あらゆる試験で
頻出の、最も基本的で重要な単語（600語）と
熟語（300語）。超基本的な会話表現（65文）。
ほとんどが「中学レベル」の語句で、覚えてお
くと「一生の財産」になることでしょう。

【音声学習】

下の二次元コードをスマートフォン等のカメラで読み取
ると、この【巻末資料】の音声がリズム音楽に合わせて
「英単語→日本語」の順でストリーミング再生されます。

《日本語ナレーター》
渡瀬マキ（「LINDBERG」ボーカル）

I 部屋

▼日常よく目にするものを英語で言えるようになりましょう！（答えは右ページ→）

番号	日本語	英単語	カタカナ発音
❶	☐ クローゼット	closet	[klázit] クラジットゥ
❷	☐ 洋服	clothes	[klóːθ] クロース
❸	☐ ブラシ	brush	[bráʃ] ブラッシュ
❹	☐ ジャケット	jacket	[dʒǽkit] ジャキットゥ
❺	☐ スカート	skirt	[skə́ːrt] スカートゥ
❻	☐ ブラウス	blouse	[bláus] ブラウス
❼	☐ ベルト	belt	[bélt] ベルトゥ
❽	☐ (ふちのある)帽子 ※ふちのない帽子は「cap」	hat	[hǽt] ヘットゥ
❾	☐ かばん	bag	[bǽg] バッグ
❿	☐ カレンダー	calendar	[kǽləndər] カァレンダァ
⓫	☐ 本棚	bookcase	[bóokcàse] ブックケイス
⓬	☐ (デスク)ライト，ランプ	(desk) lamp	[(désk) lǽmp] (デスク) ランプ
⓭	☐ 机 ※事務・勉強用 (一人用) の机	desk	[désk] デスク
⓮	☐ 椅子	chair	[tʃéər] チェア
⓯	☐ (チェアー)マット，敷物	(chair) mat	[(tʃéər) mǽt] (チェア) メットゥ
⓰	☐ 鏡	mirror	[mírər] ミラー
⓱	☐ カーテン	curtain	[kə́ːrtn] カーテン
⓲	☐ 窓	window	[wíndou] ウィンドウ
⓳	☐ タンス	dresser	[drésər] ドレッサァ
⓴	☐ 枕	pillow	[pílou] ピロウ
㉑	☐ 毛布 ※掛け布団は「comforter」	blanket	[blǽŋkit] ブランキットゥ
㉒	☐ ベッド，寝台	bed	[béd] ベッドゥ
㉓	☐ 置き時計，壁掛け時計 ※腕時計は watch	clock	[klák] クラック
㉔	☐ 写真立て	photo frame	[fóutou fréim] フォトゥ フレイム
㉕	☐ スマートフォン	smartphone	[smáːrtfòun] スマートフォウン

2 居間（リビング）

番号	日本語	英単語	カタカナ発音
❶	☐ 天井	ceiling	[síːlɪŋ] スイーリング
❷	☐ 壁	wall	[wɔ́ːl] ウォール
❸	☐ 天井灯	ceiling light	[síːlɪŋ láit] シーリング ライトゥ
❹	☐ エアコン	air conditioner	[éər kəndíʃənər] エアア カンディシ ョナァ
❺	☐ テレビ	television [TV]	[téləvɪʒən] テレヴィジァン
❻	☐ 観葉植物 _{かんようしょくぶつ}	house plant	[háus plǽnt] ハウスプラントゥ
❼	☐ クッション	cushion	[kúʃən] クッシァン
❽	☐ キッチンカウンター	kitchen counter	[kítʃən káuntər] キッチン カウンタァ
❾	☐ 戸棚 _{とだな}	cabinet / cupboard ※ cupboardは主に食器・食品用	[kǽbənit / kʌ́bərd] キャビニトゥ / カッボォド
❿	☐ ゴミ箱	garbage can	[gáːrbidʒ kǽn] ガービッヂ カン
⓫	☐ じゅうたん	rug	[rʌ́g] ラグ
⓬	☐ ソファー	sofa	[sóufə] ソウファ
⓭	☐ 床	floor	[flɔ́ːr] フローァ
⓮	☐ テーブル ※複数人用（飲食用）	table	[téibl] テイブル
⓯	☐ ティッシュペーパー	tissue	[tíʃuː] ティシューー
⓰	☐ グラス ※取っ手のないガラス製の容器	glass	[glǽs] グラス
⓱	☐ サラダ	salad	[sǽləd] サラドゥ
⓲	☐ パン	bread	[bréd] ブレッドゥ
⓳	☐ (室内用)スリッパ；ミュール	mule ※ slipperはかかとの付いた部屋ばき	[mjúːl] ミュール
⓴	☐ (イスの)背もたれ	backrest	[bǽkrest] バックレストゥ

3 市街

番号	日本語	英単語	カタカナ発音
①	□ 雲	cloud	[kláud] クラウドゥ
②	□ 空	sky	[skái] スカイ
③	□ 太陽	sun	[sán] サン
④	□ 信号機	signal	[sígnəl] シグナル
⑤	□ 旗	flag	[flǽg] フラッグ
⑥	□ ビル	building	[bíldiŋ] ビルディング
⑦	□ 屋根	roof	[rúːf] ルーフ
⑧	□ 家, 住宅	house	[háus] ハウス
⑨	□ バルコニー, ベランダ ※2階以上にある窓や扉から突き出たスペース	balcony	[bǽlkəni] バルコニ
⑩	□ 門, 出入り口	gate	[géit] ゲイトゥ
⑪	□ 庭	garden	[gáːrdn] ガアデン
⑫	□ 橋	bridge	[brídʒ] ヴィリジ
⑬	□ 川	river	[rívər] リヴァ
⑭	□ 自転車	bicycle	[báisikl] バイシクル
⑮	□ タクシー	taxi	[tǽksi] タクシィ
⑯	□ バス	bus	[bás] バス
⑰	□ 自動車	car	[káːr] カァ
⑱	□ ガードレール	guardrail	[gáːrdrèil] ガアドレイル
⑲	□ 車道	road	[róud] ロウドゥ
⑳	□ 横断歩道	crosswalk	[krɔ́swɔ̀k] クロスウォーク
㉑	□ 生垣, 垣根	hedge	[hédʒ] ヘッジ
㉒	□ 歩道	sidewalk	[sáidwɔ̀ːk] サイドウォーク
㉓	□ 木 ※木の幹は「trunk」	tree	[tríː] ツリー
㉔	□ 枝	branch	[brǽntʃ] ブランチェ
㉕	□ 葉	leaf	[líːf] リーフ

巻末資料

253

4 駅のホーム

番号	日本語	英単語	カタカナ発音
❶ ☐	駅	station	[stéiʃən] ステイション
❷ ☐	電灯	light	[láit] ライトゥ
❸ ☐	金属線，ワイヤー	wire	[wáiər] ワイァァ
❹ ☐	(建築物の)柱 ※建築物の支えとなる直立した柱	pillar	[pílər] ピラァ
❺ ☐	電車	train	[tréin] トゥレイン
❻ ☐	広告板	billboard	[bílbɔ̀rd] ビルボゥドゥ
❼ ☐	イヤホン	earphone	[íərfòun] イァフォウン
❽ ☐	ヘッドホン	headphone	[hédfòun] ヘッドゥフォウン
❾ ☐	リュックサック	backpack	[bǽkpæ̀k] バックパック
❿ ☐	自動販売機	vending machine	[véndiŋ məʃíːn] ヴェンディング マシーン
⓫ ☐	ネクタイ	tie	[tái] タイ
⓬ ☐	スーツ ※上着（coat）とズボン（trousers）のセットのこと	suit	[súːt] スートゥ
⓭ ☐	ズボン，パンツ ※一般的にカジュアルなズボンのこと	pants	[pǽnts] パンツ
⓮ ☐	靴	shoe	[ʃúː] シュー
⓯ ☐	ハイヒール	high heel	[hái híːl] ハイ ヒール
⓰ ☐	雑誌	magazine	[mǽgəzìːn] マガズィーン
⓱ ☐	新聞	newspaper	[njúːzpèipər] ニューズペイパァ
⓲ ☐	長椅子，ベンチ	bench	[béntʃ] ベンチ
⓳ ☐	(駅の)ホーム	platform	[plǽtfɔːrm] プラットゥフォーム
⓴ ☐	線路	railroad	[réilròud] レイルロウドゥ

5 職場（オフィス）

番号	日本語	英単語	カタカナ発音
❶ ☐	複写機, コピー機	copier ※「copy machine」ともいう	[kápiɚ] カピアァ
❷ ☐	キャビネット, 戸棚	cabinet ※デスク下のものは「desk cabinet」	[kǽbənit] キャビニットゥ
❸ ☐	上司	boss	[bɔ́:s] ボース
❹ ☐	ノートパソコン	laptop	[lǽptὰp] ラップタップ
❺ ☐	(デスクトップ)パソコン	personal computer [PC] ※パソコンの本体全体は「main unit」	[pɚ́:rsənl kəmpjú:tɚ] パーソナル コンピュータァ
❻ ☐	モニター ※映像を表示する装置全体のこと	monitor	[mánətɚ] マニタァ
❼ ☐	ディスプレイ ※基本的に「画面表示部分」のこと	display	[displéi] ディスプレイ
❽ ☐	キーボード	keyboard	[kí:bɔ́:rd] キーボードゥ
❾ ☐	マウス	mouse	[máus] マウス
❿ ☐	コード	cord ※ cable (ケーブル) は複数の導線を束ねたもの	[kɔ́:rd] コードゥ
⓫ ☐	電子メール, Eメール	e-mail	[í:meil] イーメイル
⓬ ☐	フォルダー ※ファイルを収納する場所	folder	[fóuldɚ] フォウルダァ
⓭ ☐	ファイル ※ひとまとめにして保存されたデータ	file	[fáil] ファイル
⓮ ☐	冊子	pamphlet ※小さい冊子は booklet	[pǽmflət] パンフレトゥ
⓯ ☐	電卓	calculator	[kǽlkjulèitɚ] キャルキュレイタァ
⓰ ☐	資料	document	[dákjumənt] ダキュメントゥ
⓱ ☐	オフィスデスク	office desk	[ɔ́:fis désk] オーフィス デスク
⓲ ☐	引き出し	(desk) drawer	[(désk) drɔ́:r] (デスク) ドゥロー
⓳ ☐	取っ手	(cabinet) handle	[(kǽbənit) hǽndl] (キャビニットゥ) ハンドゥル
⓴ ☐	キャスター, 脚輪	caster	[kǽstɚ] キャスタァ

6 引出内（文房具）

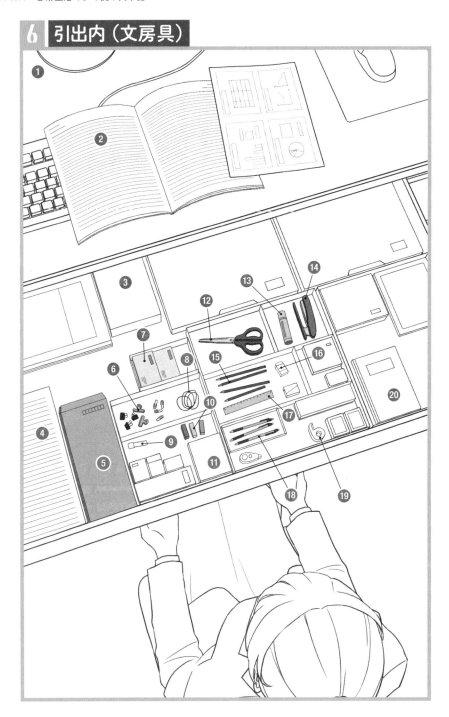

番号	日本語	英単語	カタカナ発音
❶ ☐	文房具	stationery	[stéiʃənèri] ステイショネリィ
❷ ☐	ノート，筆記帳	notebook	[nóutbùk] ノウトゥブック
❸ ☐	箱	box	[báks] バックス
❹ ☐	便箋	letter paper	[létər péipər] レタァ ペイパァ
❺ ☐	封筒	envelope	[énvəlòup] エンヴェロウプ
❻ ☐	クリップ	clip	[klíp] クリップ
❼ ☐	名刺	business card	[bíznis káːrd] ビズニス カードゥ
❽ ☐	輪ゴム	rubber band	[rʌ́bər bǽnd] ラバァ バンドゥ
❾ ☐	はんこ	(personal) seal	[(páːrsənəl) síːl] (パーソナル) スィール
❿ ☐	付箋	Post-it	[póustit] ポウスティトゥ
⓫ ☐	(はぎ取り式の)メモ帳	memo pad	[mémou pǽd] メモウ パッドゥ
⓬ ☐	ハサミ	scissors	[sízərz] スィズァズ
⓭ ☐	のり	glue	[glúː] グルー
⓮ ☐	ホチキス	stapler	[stéiplər] ステイプラァ
⓯ ☐	鉛筆	pencil	[pénsəl] ペンシル
⓰ ☐	消しゴム	eraser	[iréisər] イレイサァ
⓱ ☐	定規	ruler	[rúːlər] ルーラァ
⓲ ☐	ボールペン	ballpoint pen	[bɔ́ːlpɔ̀int pén] ボールポイントゥ ペン
⓳ ☐	セロハンテープ	Scotch tape 《米》 ※《英》では「cellophane tape」	[skátʃ téip] スカッチ テイプ
⓴ ☐	日記(帳)	diary	[dáiəri] ダイアリィ

259

7 スーパーマーケット

番号	日本語	英単語	カタカナ発音
❶	☐ スーパーマーケット	supermarket	[súːpərmàːrkət] スーパァマーケトゥ
❷	☐ 看板；標識	signage	[sáinidʒ] サイニヂ
❸	☐ 食料雑貨類 ※食料品や日用品などの総称	grocery	[gróusəri] グロウサリィ
❹	☐ (集合的に)商品	merchandise	[mə́ːrtʃəndàiz] マーチャンダイズ
❺	☐ (戸がない)棚	shelf ※複数形は shelves	[ʃélf] シェルフ
❻	☐ 通路	aisle	[áil] アイル
❼	☐ 店員	clerk	[klə́ːrk] クラーク
❽	☐ (買い物用)カート	(shopping) cart	[(ʃɑ́piŋ) káːrt] (シャッピング) カートゥ
❾	☐ 段ボール(箱)	cardboard (box)	[káːdbɔ̀ːrd (báks)] カードゥボードゥ (バックス)
❿	☐ 客	customer	[kʌ́stəmər] カスタマァ
⓫	☐ レジ係	cashier	[kæʃíər] キャシアァ
⓬	☐ レジ機	cash register	[kǽʃ rédʒistər] キャシュ レヂスタァ
⓭	☐ 財布	wallet	[wálit] ワリットゥ
⓮	☐ 金額	sum	[sʌ́m] サム
⓯	☐ 現金	cash	[kǽʃ] キャシュ
⓰	☐ レシート	receipt	[risíːt] リスィートゥ
⓱	☐ カウンター	counter	[káuntər] カウンタァ
⓲	☐ 購入品，買った物	purchases	[pə́ːrtʃəsiz] パーチャスィズ
⓳	☐ ビニール袋	plastic bag	[plǽstik bǽg] プラスティク バッグ
⓴	☐ (買い物)かご	(shopping) basket	[(ʃɑ́piŋ) bǽːskit] (ショッピング) バースキトゥ

261

8 台所（キッチン）

番号	日本語	英単語	カタカナ発音
❶	☐ 台所，キッチン	kitchen	[kítʃən] キッチェン
❷	☐ 冷蔵庫	refrigerator	[rifrídʒərèitər] リフリヂェレイタァ
❸	☐ 冷凍庫	freezer	[frízər] フリザァ
❹	☐ 電子レンジ	microwave oven	[máikrəweiv ʌ́vən] マイクロウェイヴ アヴン
❺	☐ 箸	chopsticks	[tʃɑ́pstiks] チャップスティクス
❻	☐ スプーン	spoon	[spúːn] スプーン
❼	☐ ナイフ	knife	[náif] ナイフ
❽	☐ フォーク	fork	[fɔ́ːrk] フォーク
❾	☐ 皿	dish	[díʃ] ディッシュ
❿	☐ コップ ※取っ手付きの容器	cup	[kʌ́p] カプ
⓫	☐ ポット	pot	[pát] パットゥ
⓬	☐ レンジフード ※換気扇とそれを覆うカバーのこと	range hood	[réindʒ húd] レインヂ フドゥ
⓭	☐ 砂糖	sugar	[ʃúgər] シュガァ
⓮	☐ 塩	salt	[sɔ́ːlt] ソールトゥ
⓯	☐ こしょう	pepper	[pépər] ペッパァ
⓰	☐ ガスコンロ	gas stove	[gǽs stóuv] ガス ストウヴ
⓱	☐ (魚・肉などを焼く)グリル	broiler	[brɔ́ilər] ブロイラァ
⓲	☐ フライパン	frying pan	[fláiŋ pæ̀n] フライング パン
⓳	☐ ボウル	bowl	[bóul] ボウル
⓴	☐ 食品；食物	food	[fúːd] フードゥ
㉑	☐ まな板	kitchen board	[kítʃən bɔ́ːrd] キチェン ボードゥ
㉒	☐ 包丁	kitchen knife	[kítʃən náif] キチェン ナイフ
㉓	☐ (台所などの)流し，洗面台	sink	[síŋk] スィンク
㉔	☐ エプロン	apron	[éiprən] エイプロン
㉕	☐ (台所)マット	(kitchen) mat	[(kítʃən) mǽt] (キチン) マットゥ

9 浴室（風呂場）

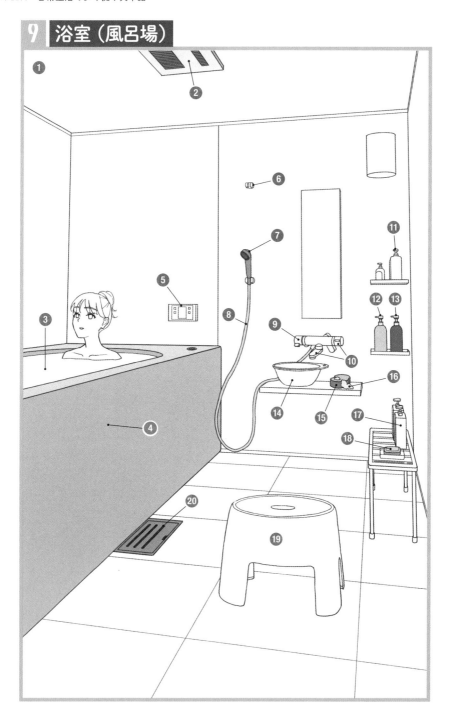

番号	日本語	英単語	カタカナ発音
❶	☐ 浴室，風呂場	bathroom	[bǽθrùːm] バスルーム
❷	☐ 換気扇	exhaust fan	[igzɔ́ːst fǽn] イグゾーストゥ ファン
❸	☐ 浴槽の湯[水]	bathwater	[bǽθwɔ̀ːtər] バスウォータァ
❹	☐ 浴槽，湯船	bathtub	[bǽθtʌ̀b] バスタブ
❺	☐ (湯沸かし器の)操作パネル	control panel	[kəntróul pǽnl] コントゥロウル パヌル
❻	☐ (シャワーの)ホルダー／フック	holder / hook	[hóuldər / húk] ホウルダァ / フック
❼	☐ シャワー(ヘッド)	shower (head)	[ʃáuər (héd)] シャウアァ (ヘッドゥ)
❽	☐ (シャワー)ホース	(shower) hose	[(ʃáuər) hóuz] (シャウアァ) ホウズ
❾	☐ (蛇口の)レバー／ハンドル	lever / handle	[lévər / hǽndl] レヴァァ / ハンドゥル
❿	☐ 蛇口 ※湯水が出る器具全体のこと	faucet⟨米⟩ / tap⟨英⟩	[fɔ́ːsit / tǽp] フォースイトゥ / タップ
⓫	☐ シャンプー	shampoo	[ʃæmpúː] シャムプー
⓬	☐ (髪の)リンス ※髪の「表面」を保護する	conditioner ※ rinse (リンス) は「洗い流す」の意	[kəndíʃənər] コンディショナァ
⓭	☐ (髪の)トリートメント ※髪の「内部」を補修する	hair treatment	[héər tríːtmənt] ヘアァ トゥリートゥメントゥ
⓮	☐ 洗面器	washbasin	[wáʃbèisn] ワッシュベイスン
⓯	☐ スポンジ	sponge	[spʌ́ndʒ] スパンヂ
⓰	☐ 泡^{あわ}	bubble	[bʌ́bl] バブル
⓱	☐ ボディソープ	body wash	[bádi wáʃ] バディ ワッシュ
⓲	☐ せっけん	soap	[sóup] ソウプ
⓳	☐ 腰掛^{こしか}け	stool	[stúːl] ストゥール
⓴	☐ 排水溝^{はいすいこう}	drain	[dréin] ドゥレイン

⑩ セットで覚える名詞

季節・暦

001	spring	スプリング	春
002	summer	サマァ	夏
003	fall	フォール	秋《米》
004	autumn	オータム	秋《英》
005	winter	ウィンタァ	冬
006	Sunday	サンデイ	日曜日
007	Monday	マンデイ	月曜日
008	Tuesday	チューズデイ	火曜日
009	Wednesday	ウェンズデイ	水曜日
010	Thursday	サーズデイ	木曜日
011	Friday	フライデイ	金曜日
012	Saturday	サタデイ	土曜日
013	January	ヂャニュエリィ	1月
014	February	フェブルエリィ	2月
015	March	マーチ	3月
016	April	エイプリル	4月
017	May	メイ	5月
018	June	ヂューン	6月
019	July	ヂュライ	7月
020	August	オーガストゥ	8月
021	September	セプテンバァ	9月
022	October	アクトウバァ	10月
023	November	ノウヴェンバァ	11月
024	December	ディセンバァ	12月

方角

025	east	イーストゥ	東
026	west	ウェストゥ	西
027	south	サウス	南
028	north	ノース	北
029	northeast	ノースイーストゥ	北東
030	northwest	ノースウェストゥ	北西
031	southeast	サウスイーストゥ	南東
032	southwest	サウスウェストゥ	南西

ヒトのからだ

033	ankle	アンクル	足首
034	arm	アーム	腕
035	chest	チェストゥ	胸
036	ear	イアァ	耳
037	elbow	エルボウ	肘（ひじ）
038	eye	アイ	目
039	finger	フィンガァ	指
040	foot	フットゥ	足 ※くるぶし以下の部分
041	forehead	フォーヘッドゥ	額（ひたい）
042	hand	ハンドゥ	手
043	head	ヘッドゥ	頭
044	heel	ヒール	かかと
045	hip	ヒップ	尻（しり）
046	knee	ニー	膝（ひざ）
047	leg	レッグ	脚 ※ももからくるぶしまでの部分
048	mouth	マウス	口
049	neck	ネック	首
050	nose	ノウズ	鼻
051	shin	シン	すね
052	shoulder	ショウルダァ	肩
053	stomach	スタマック	腹（はら）
054	throat	スロウトゥ	喉（のど）
055	toe	トゥ	つま先
056	tongue	タン	舌
057	waist	ウェイストゥ	腰
058	wrist	リストゥ	手首

色

059	black	ブラック	黒
060	blue	ブルー	青
061	brown	ブラウン	茶
062	gold	ゴウルドゥ	金色
063	gray[grey]	グレイ	灰色
064	green	グリーン	緑
065	pink	ピンク	桃色
066	purple	パープル	紫

067	red	レッドゥ	赤
068	white	(ホ)ワイトゥ	白
069	yellow	イェロウ	黄

数詞・序数詞

070	zero	ズィアロウ	0
071	one	ワン	1
072	two	トゥー	2
073	three	スリー	3
074	four	フォー	4
075	five	ファイヴ	5
076	six	スィックス	6
077	seven	セヴン	7
078	eight	エイトゥ	8
079	nine	ナイン	9
080	ten	テン	10
081	eleven	イレヴン	11
082	twelve	トゥウェルヴ	12
083	twenty	トゥウェンティ	20
084	twenty-one	トゥウェンティワン	21
085	thousand	サウザンドゥ	1000
086	million	ミリョン	100万
087	billion	ビリョン	10億
088	first	ファーストゥ	1番目
089	second	セカンドゥ	2番目
090	third	サードゥ	3番目
091	fourth	フォース	4番目
092	fifth	フィフス	5番目
093	sixth	スィックスス	6番目
094	seventh	セヴンス	7番目
095	eighth	エイトゥス	8番目
096	ninth	ナインス	9番目
097	tenth	テンス	10番目
098	eleventh	イレヴンス	11番目
099	twelfth	トゥウェルフス	12番目
100	twentieth	トゥウェンティス	20番目
101	twenty-first	トゥウェンティファーストゥ	21番目

単位

102	cent	セントゥ	1/100 ドル
103	pound	パウンドゥ	454 グラム
104	meter	ミータァ	メートル
105	inch	インチ	2.54cm
106	feet	フィートゥ	12 インチ
107	mile	マイル	1609m
108	dollar	ダラァ	ドル〈通貨〉
109	dozen	ダズン	ダース
110	gram	グラム	グラム
111	kilo	キーロウ	キロ
112	ton	トン	トン
113	liter	リタァ	リットル

略語

114	a.m. / A.M.	エイエム	午前
115	p.m. / P.M.	ピーエム	午後
116	Dr.	ドクター	～博士[先生]
117	Mr.	ミスター	～氏(男性)
118	Ms.	ミズ	～様(女性)
119	etc.	エトセトラ	…など
120	cf.	コンファ	…を参照
121	vs	ヴァーサス	…対

スポーツ

122	baseball	ベイスボール	野球
123	basketball	バスキットボール	バスケットボール
124	champion	チャンピオン	優勝者
125	football	フットボール	サッカー
126	golf	ゴルフ	ゴルフ
127	gym	ヂム	ジム，体育館
128	marathon	マラソン	マラソン
129	Olympic	オリンピック	五輪
130	pool	プール	プール
131	rugby	ラグビィ	ラグビー
132	skiing	スキーイング	スキー
133	soccer	サーカァ	サッカー
134	stadium	ステイディアム	競技場

135	swimming	スウィミング	水泳
136	tennis	テニス	テニス
137	tournament	トーナメントゥ	勝ち抜き戦
138	volleyball	ヴァリボール	バレーボール

動物

139	ant	アントゥ	アリ
140	bee	ビー	みつばち
141	butterfly	バタフライ	チョウ（蝶）
142	camel	キャメル	ラクダ
143	cat	キャットゥ	ネコ
144	cow	カウ	雌牛，乳牛
145	crab	クラブ	カニ
146	crow	クロウ	カラス
147	deer	ディアァ	シカ
148	dinosaur	ダイノソー	恐竜
149	dog	ドッグ	イヌ
150	dolphin	ドルフィン	イルカ
151	dragon	ドラゴン	竜
152	duck	ダック	アヒル
153	eagle	イーグル	ワシ
154	elephant	エレファントゥ	ゾウ
155	fox	ファクス	キツネ
156	frog	フラーグ	カエル
157	goat	ゴウトゥ	ヤギ
158	horse	ホース	ウマ
159	kitten	キトゥン	子猫
160	lion	ライアン	ライオン
161	monkey	マンキー	サル
162	mouse	マウス	（ハツカ）ネズミ
163	octopus	アクトパス	タコ
164	ox	アクス	雄牛
165	pet	ペットゥ	愛玩動物
166	pig	ピッグ	ブタ
167	pony	ポウニー	ポニー（小型の馬）
168	puppy	パピー	子犬
169	rabbit	ラビットゥ	ウサギ
170	rat	ラットゥ	ネズミ
171	sheep	シープ	ヒツジ
172	snake	スネイク	ヘビ
173	spider	スパイダァ	クモ
174	swan	スワン	ハクチョウ
175	tiger	タイガァ	トラ
176	turtle	タートル	カメ
177	whale	(ホ)ウェイル	クジラ

食べ物

178	apple	アップル	リンゴ
179	banana	バナーナ	バナナ
180	bean	ビーン	豆
181	beef	ビーフ	牛肉
182	beer	ビアァ	ビール，麦酒
183	biscuit	ビスケットゥ	ビスケット
184	bottle	バトゥル	ビン
185	butter	バタァ	バター
186	cabbage	キャビッヂ	キャベツ
187	cake	ケイク	ケーキ
188	candy	キャンディー	キャンディー
189	cheese	チーズ	チーズ
190	carrot	キャロットゥ	ニンジン
191	cherry	チェリィ	サクランボ
192	chocolate	チョカリトゥ	チョコレート
193	coffee	コーフィ	コーヒー
194	cookie	クッキィ	クッキー
195	corn	コーン	トウモロコシ
196	cucumber	キューカンバァ	キュウリ
197	curry	カリー	カレー
198	egg	エッグ	卵
199	garlic	ガーリック	ニンニク
200	ginger	ヂンヂャァ	ショウガ
201	grape	グレイプ	ブドウ
202	honey	ハニー	はちみつ
203	juice	ヂュース	果汁
204	lamb	ラム	羊肉

	English		Japanese
205	lemon	レマン	レモン
206	meat	ミートゥ	食肉
207	melon	メロン	メロン
208	menu	メニュー	メニュー, 献立表
209	mushroom	マッシュルーム	キノコ
210	noodle	ヌードル	麺
211	nut	ナットゥ	ナッツ
212	onion	アニャン	タマネギ
213	orange	オリンヂ	オレンジ
214	peach	ピーチ	桃
215	peanut	ピーナットゥ	落花生
216	pear	ペァァ	ナシ
217	pineapple	パイナップル	パイナップル
218	potato	ポテイトゥ	ジャガイモ
219	pumpkin	パンプキン	カボチャ
220	rice	ライス	米
221	salad	サラッドゥ	サラダ
222	salmon	サーモン	サケ, サーモン
223	sandwich	サンドウィッチ	サンドイッチ
224	sauce	ソース	ソース
225	soup	スープ	スープ
226	steak	ステイク	ステーキ
227	stew	スチュー	シチュー
228	strawberry	ストゥローベリィ	イチゴ
229	tea	ティー	紅茶, お茶
230	tomato	トメイトゥ	トマト

惑星

	English		Japanese
231	Mercury	マーキュリィ	水星
232	Venus	ヴィーナス	金星
233	Earth	アース	地球
234	Mars	マーズ	火星
235	Jupiter	ヂューピタァ	木星
236	Saturn	サタァン	土星
237	Uranus	ユラヌス	天王星
238	Neptune	ネプチューン	海王星
239	Pluto	プルートゥ	冥王星

国名

	English		Japanese
240	Australia	オーストゥレイリヤ	オーストラリア
241	Austria	オーストゥリア	オーストリア
242	Belgium	ベルヂャム	ベルギー
243	Brazil	ブラズィル	ブラジル
244	Canada	キャナダ	カナダ
245	China	チャイナ	中国
246	Egypt	イーヂプトゥ	エジプト
247	England	イングランドゥ	イングランド
248	France	フランス	フランス
249	Germany	ヂャーマニィ	ドイツ
250	Greece	グリース	ギリシャ
251	India	インディア	インド
252	Iran	イラン	イラン
253	Israel	イスラエル	イスラエル
254	Italy	イタリィ	イタリア
255	Japan	ヂャパン	日本
256	Jordan	ヂョードゥン	ヨルダン
257	Korea	コリーア	韓国
258	Mexico	メクスィコウ	メキシコ
259	Netherlands	ネザァランツ	オランダ
260	New Zealand	ニュー ズィーランドゥ	ニュージーランド
261	Philippines	フィリピーンズ	フィリピン
262	Portugal	ポーチャグル	ポルトガル
263	Russia	ラシャ	ロシア
264	Saudi Arabia	サウディ アレイビア	サウジアラビア
265	South Africa	サウス アフリカ	南アフリカ
266	Spain	スペイン	スペイン
267	Switzerland	スウィッツァランドゥ	スイス
268	Syria	シリア	シリア
269	Thai	タイ	タイ
270	Turkey	ターキィ	トルコ
271	Ukraine	ユクレイン	ウクライナ
272	United Kingdom		イギリス
273	United States of America		アメリカ合衆国
274	Vietnam	ヴィエトゥナーム	ベトナム

II 基本重要単語600

名詞

001	accident	アクスィデントゥ	事故
002	activity	アクティヴィティ	活動，運動
003	adult	アダルトゥ	大人，成人
004	advantage	アドゥヴァンティヂ	利点，有利
005	advice	アドゥヴァイス	忠告，助言
006	alcohol	アルコホール	アルコール
007	amusement	アミューズメントゥ	娯楽
008	antique	アンティーク	骨董品
009	audio	オーディオゥ	音声
010	apartment	アパートゥメントゥ	(賃貸)アパート
011	article	アーティクル	記事
012	audience	オーディエンス	聴衆，観客
013	bakery	ベイカリー	パン屋
014	battery	バッテリー	電池
015	behavior	ビヘイヴャァ	ふるまい，態度
016	bill	ビル	請求書
017	birth	バース	誕生，生まれ
018	bit	ビットゥ	少し，いくらか
019	board	ボードゥ	板，盤
020	bottom	バトム	底，最下部
021	breath	ブレス	呼吸，息
022	business	ビズネス	仕事，商売
023	camera	キャメラ	カメラ
024	capital	キャピタル	首都
025	carbon	カーボン	炭素
026	case	ケイス	場合
027	cause	コーズ	原因
028	challenge	チャリンヂ	挑戦，難題
029	chance	チャンス	見込み
030	character	キャラクタァ	特性，性格
031	cinema	シネマ	映画
032	comedy	コメディー	喜劇
033	comic	コミック	漫画
034	company	カムパニィ	会社
035	computer	コンピュータァ	電子計算機
036	concert	コンサートゥ	音楽会
037	condition	コンディション	状態，体調
038	contact	カンタクトゥ	連絡
039	conversation	カンヴァセイション	会話
040	cotton	コットン	綿
041	course	コース	講座
042	crowd	クラウドゥ	群衆，人混み
043	crystal	クリスタル	水晶
044	culture	カルチャァ	文化，教養
045	dance	ダンス	ダンス，踊り
046	data	ディタ	データ
047	desert	デザァトゥ	砂漠
048	detail	ディテイル	細部，詳細
049	diamond	ダイアモンドゥ	ダイヤモンド
050	difference	ディフレンス	違い，相違(点)
051	disc[disk]	ディスク	円盤；ディスク
052	dot	ドットゥ	点
053	downtown	ダウンタウン	商業地区
054	drama	ドゥラマ	劇
055	education	エデュケイション	教育
056	effect	イフェクトゥ	効果，影響
057	end	エンドゥ	終わり，最後
058	example	イグザンプル	例，見本
059	experience	イクスピリアンス	経験
060	fact	ファクトゥ	事実，現実
061	farm	ファーム	農場，農園
062	fashion	ファッション	流行，ファッション
063	fear	フィアァ	恐怖
064	feature	フィーチャァ	特徴，顔の造作
065	festival	フェスティヴァル	祭り
066	field	フィールドゥ	畑，野原
067	figure	フィギャァ	数字
068	front	フラントゥ	前(方)，正面
069	fun	ファン	楽しみ，面白さ

070	☐ gas	ガス	ガス
071	☐ generation	ヂェネレイション	世代
072	☐ government	ガヴァメントゥ	政府
073	☐ grade	グレイドゥ	成績
074	☐ guide	ガイドゥ	案内者，ガイド
075	☐ guitar	ギター	ギター
076	☐ habit	ハビットゥ	習慣，癖
077	☐ heart	ハートゥ	心，気持ち
078	☐ home	ホウム	家，家庭，自宅
079	☐ idea	アイディーア	考え，思いつき
080	☐ impact	インパクトゥ	衝撃，（悪）影響
081	☐ influence	インフルエンス	影響
082	☐ interest	イントゥレストゥ	興味の対象
083	☐ interview	インタヴュー	面接
084	☐ iron	アイアン	鉄
085	☐ island	アイランドゥ	島
086	☐ item	アイテム	項目，商品
087	☐ job	ヂャブ	職，仕事
088	☐ joy	ヂョイ	喜び，満足（感）
089	☐ judge	ヂャッヂ	裁判官
090	☐ knowledge	ナリッヂ	知識
091	☐ land	ランドゥ	陸地，土地
092	☐ language	ラングウィッヂ	言語，言葉
093	☐ law	ロー	法，法律
094	☐ level	レベル	水準，程度
095	☐ life	ライフ	一生，人生
096	☐ market	マーキットゥ	市場，販路
097	☐ match	マッチ	試合
098	☐ material	マティリアル	材料，原料
099	☐ matter	マタァ	事柄，問題
100	☐ melody	メロディー	旋律
101	☐ memory	メモリィ	記憶
102	☐ method	メソッドゥ	方法
103	☐ middle	ミドゥル	中間，真ん中
104	☐ mind	マインドゥ	心
105	☐ moment	モウメントゥ	瞬間

106	☐ movie	ムーヴィー	映画
107	☐ nature	ネイチャァ	自然
108	☐ neighbor	ネイバァ	隣人，隣国
109	☐ noise	ノイズ	騒音，物音
110	☐ oil	オイル	油
111	☐ opinion	オピニョン	意見
112	☐ pack	パック	包み，1箱
113	☐ pair	ペアァ	一対，一組
114	☐ paragraph	パラグラフ	段落
115	☐ part	パートゥ	部分，一部
116	☐ party	パーティ	パーティー
117	☐ people	ピープル	人々
118	☐ period	ピリオドゥ	期間
119	☐ piano	ピアノウ	ピアノ
120	☐ picnic	ピクニック	ピクニック
121	☐ plan	プラン	計画，案
122	☐ plastic	プラスチック	プラスチック
123	☐ pleasure	プレジャァ	喜び，楽しみ
124	☐ point	ポイントゥ	要点，意見
125	☐ policy	パリスィ	政策，方針
126	☐ pollution	ポルーション	汚染
127	☐ post	ポウストゥ	郵便（物）
128	☐ practice	プラクティス	練習
129	☐ problem	プラブレム	問題，課題
130	☐ program	プロウグラム	番組，計画
131	☐ project	プラヂェクトゥ	計画，企画
132	☐ promise	プラミス	約束
133	☐ purpose	パーポス	目的，意図
134	☐ quality	クワリティ	質，品質
135	☐ question	クウェスチョン	質問，問題
136	☐ radio	レイディオウ	ラジオ
137	☐ rate	レイトゥ	率，割合
138	☐ reason	リーズン	理由
139	☐ research	リサーチ	研究，調査
140	☐ restaurant	レスタウラーントゥ	レストラン
141	☐ result	リザルトゥ	結果

巻末資料

271

142	rhythm	リズム	リズム
143	robot	ロウバットゥ	ロボット
144	role	ロウル	役割，任務
145	rule	ルール	規則
146	sale	セイル	販売
147	seat	スィートゥ	座席
148	sentence	センテンス	文，判決
149	shock	シャック	衝撃
150	sign	サイン	掲示，標識
151	silver	スィルヴァ	銀
152	site	サイトゥ	場所，用地
153	skill	スキル	技，技術
154	software	ソフトウェァ	ソフトウェア
155	song	ソング	歌
156	source	ソース	源
157	state	ステイトゥ	状態
158	subject	サブヂェクトゥ	話題，主題
159	switch	スウィッチ	スイッチ，開閉器
160	symphony	シンフォニィ	交響曲
161	task	タスク	任務，仕事
162	technology	テクナロヂィ	科学技術
163	tent	テントゥ	テント
164	text	テクストゥ	本文
165	thought	ソートゥ	考え
166	ticket	チケットゥ	切符
167	tradition	トラディション	伝統
168	traffic	トゥラフィック	交通，往来
169	trip	トゥリップ	旅行
170	trouble	トゥラブル	困難，問題
171	video	ヴィディオゥ	ビデオ
172	vitamin	ヴァイタミン	ビタミン

代名詞

173	anything	エニスィング	何か，何も
174	everybody	エヴリバディ	みんな
175	everything	エヴリスィング	何でも皆
176	nobody	ノウバディ	誰も…でない

177	nothing	ナッスィング	何も…ない
178	something	サムスィング	あるもの，何か
179	that	ザットゥ	あれ，それ
180	this	ジス	これ，こちら

動詞

181	accept	アクセプトゥ	受け入れる
182	achieve	アチーヴ	達成する
183	act	アクトゥ	行動する
184	add	アッドゥ	加える，足す
185	allow	アラウ	許可する
186	appear	アピアァ	…のように見える
187	apply	アプライ	申し込む
188	argue	アーギュー	言い争う
189	arrive	アライヴ	到着する，着く
190	ask	アスク	尋ねる，聞く
191	avoid	アヴォイドゥ	避ける
192	become	ビカム	(…に)なる
193	begin	ビギン	始める，始まる
194	believe	ビリーヴ	信じる
195	book	ブック	予約する
196	borrow	バロウ	借りる
197	break	ブレイク	壊す，折る
198	bring	ブリング	持ってくる
199	build	ビルドゥ	建てる，造る
200	buy	バイ	買う
201	call	コール	呼ぶ
202	carry	キャリィ	運ぶ，輸送する
203	catch	キャッチ	捕まえる
204	celebrate	セレブレイトゥ	祝う
205	change	チェインヂ	変わる
206	check	チェック	調べる，確認する
207	choose	チューズ	選ぶ
208	climb	クライム	登る
209	close	クロウズ	閉める，閉まる
210	collect	コレクトゥ	集める
211	come	カム	来る

212	communicate	コミューニケイトゥ	伝え合う	248	fit	フィットゥ	合う，合わせる
213	compare	コムペァァ	比較する	249	fix	フィックス	修理する
214	complain	コムプレイン	不平を言う	250	focus	フォウカス	焦点を当てる
215	consider	コンスィダァ	（よく）考える	251	follow	ファロウ	ついて行く
216	cost	コーストゥ	（費用が）かかる	252	forget	フォゲットゥ	忘れる
217	count	カウントゥ	数える	253	form	フォーム	形づくる
218	cover	カヴァ	覆う	254	gather	ギャザァ	集まる，集める
219	create	クリエイトゥ	創造する	255	get	ゲットゥ	手に入れる
220	cry	クライ	泣く，大声を出す	256	give	ギヴ	与える
221	decide	ディサイドゥ	決める	257	go	ゴウ	行く，向かう
222	depend	ディペンドゥ	次第だ	258	graduate	グラヂュエイトゥ	卒業する
223	describe	ディスクライブ	描写する	259	grow	グロウ	育つ，成長する
224	destroy	ディストゥロイ	破壊する	260	guess	ゲス	推測する
225	develop	ディヴェロップ	発達する	261	happen	ハプン	起こる，生じる
226	die	ダイ	死ぬ	262	hate	ヘイトゥ	憎む
227	disappear	ディサピアァ	消える	263	have	ハヴ	持っている
228	discover	ディスカヴァ	発見する	264	hear	ヒアァ	聞こえる，聞く
229	discuss	ディスカス	話し合う	265	help	ヘルプ	助ける，手伝う
230	draw	ドゥロー	描く	266	hide	ハイドゥ	隠す，隠れる
231	drive	ドゥライヴ	運転する	267	hit	ヒットゥ	打つ，たたく
232	drop	ドゥラップ	落とす，落ちる	268	hold	ホウルドゥ	（手に）持つ
233	earn	アーン	稼ぐ	269	hope	ホウプ	望む，願う
234	encourage	インカーリッヂ	励ます	270	hurry	ハーリィ	急ぐ
235	enjoy	インヂョイ	楽しむ	271	hurt	ハートゥ	傷つける
236	enter	エンタァ	入る	272	imagine	イマヂン	想像する
237	escape	イスケイプ	逃げる，逃れる	273	improve	インプルーヴ	改善する
238	exchange	イクスチェインヂ	交換する	274	include	インクルードゥ	含む
239	exist	イグズィストゥ	存在する	275	increase	インクリース	増える
240	expect	イクスペクトゥ	予期する	276	injure	インヂャァ	傷つける
241	explain	イクスプレイン	説明する	277	join	ヂョイン	参加する
242	express	イクスプレス	表現する	278	keep	キープ	保つ
243	fail	フェイル	失敗する	279	know	ノウ	知っている
244	feel	フィール	感じる	280	lead	リードゥ	導く，連れて行く
245	fill	フィル	満たす	281	learn	ラーン	学ぶ
246	find	ファインドゥ	見つける	282	leave	リーヴ	去る，出発する
247	finish	フィニッシュ	終える，終わる	283	let	レットゥ	…させる

284	lie	ライ	横になる		320	reach	リーチ	至る
285	like	ライク	好む		321	read	リードゥ	読む
286	listen	リスン	（注意して）聞く		322	realize	リーアライズ	理解する
287	live	リヴ	生きる		323	receive	リスィーヴ	受け取る
288	look	ルック	見る		324	recognize	レコグナイズ	（…と）わかる
289	lose	ルーズ	失う		325	refer	リファ	言及する
290	make	メイク	作る		326	relax	リラックス	くつろぐ
291	manage	マニッヂ	経営する		327	remain	リメイン	（…の）ままでいる
292	marry	マリィ	結婚させる		328	remember	リメンバァ	覚えている
293	mean	ミーン	意味する		329	remind	リマインドゥ	思い出させる
294	meet	ミートゥ	会う		330	repeat	リピートゥ	繰り返す
295	mention	メンション	言及する		331	replace	リプレイス	取って代わる
296	miss	ミス	逃す		332	respect	リスペクトゥ	尊敬する
297	mix	ミックス	混ぜる，混ざる		333	return	リターン	戻る，帰る
298	move	ムーヴ	動く，動かす		334	run	ラン	走る
299	need	ニードゥ	必要とする		335	save	セイヴ	救う
300	notice	ノウティス	気づく		336	say	セイ	言う
301	offer	オーファ	申し出る		337	search	サーチ	捜索する
302	order	オーダァ	命令する		338	see	スィー	見える，見る
303	own	オウン	所有する		339	seem	スィーム	…のように見える
304	pass	パス	通り過ぎる		340	select	セレクトゥ	選ぶ
305	pay	ペイ	払う		341	send	センドゥ	送る，届ける
306	perform	パァフォーム	上演する		342	serve	サーヴ	（飲食物を）出す
307	pick	ピック	選ぶ		343	set	セットゥ	整える，置く
308	place	プレイス	置く，配置する		344	share	シェアァ	共有する
309	play	プレイ	遊ぶ		345	show	ショウ	見せる，示す
310	prefer	プリファ	（〜の方を）好む		346	smell	スメル	においがする
311	prepare	プリペアァ	準備する		347	solve	サルヴ	解決する
312	prevent	プリヴェントゥ	妨げる，防ぐ		348	sound	サウンドゥ	…に聞こえる
313	produce	プロデュース	生産する		349	speak	スピーク	話す
314	protect	プロテクトゥ	保護する		350	spell	スペル	（文字を）つづる
315	provide	プロヴァイドゥ	供給する		351	spend	スペンドゥ	費やす
316	pull	プル	引く，引っ張る		352	spread	スプレッドゥ	広げる，広める
317	push	プッシュ	押す		353	stand	スタンドゥ	立っている
318	put	プットゥ	置く，載せる		354	start	スタートゥ	出発する
319	raise	レイズ	上げる		355	stay	ステイ	とどまる

356	stop	スタップ	止める，止まる
357	study	スタディ	勉強する
358	succeed	サクスィードゥ	成功する
359	suggest	サヂェストゥ	提案する
360	support	サポートゥ	支える
361	surprise	サプライズ	驚かす
362	survive	サァヴァイヴ	生き残る
363	take	テイク	(手に)取る
364	talk	トーク	話す
365	taste	テイストゥ	味がする
366	teach	ティーチ	教える
367	tell	テル	言う，話す
368	think	シンク	思う，考える
369	treat	トゥリートゥ	扱う
370	try	トゥライ	努める
371	turn	ターン	回る，回す
372	understand	アンダァスタンドゥ	理解する
373	use	ユーズ	使う
374	wait	ウェイトゥ	待つ
375	walk	ウォーク	歩く
376	want	ウァントゥ	欲しい(と思う)
377	watch	ウァッチ	(注意して)見る
378	wear	ウェアァ	身につける
379	wish	ウィッシュ	望む，願う
380	wonder	ワンダァ	…かしらと思う
381	worry	ウォーリィ	悩む，心配する
382	write	ライトゥ	書く

形容詞

383	able	エイブル	…できる
384	afraid	アフレイドゥ	恐れて
385	all	オール	すべての
386	ancient	エインシャントゥ	古代の
387	angry	アングリィ	怒った
388	any	エニィ	いくらかの
389	asleep	アスリープ	眠って(いる)
390	average	アヴリッヂ	平均(値)の

391	bad	バッドゥ	悪い
392	beautiful	ビューティフル	美しい
393	big	ビッグ	大きい
394	both	ボウス	両方の
395	bright	ブライトゥ	利口な
396	busy	ビズィ	忙しい
397	certain	サートゥン	確かな
398	cheap	チープ	安い
399	clean	クリーン	きれいな
400	clear	クリアァ	明快な，明白な
401	comfortable	カムファタブル	快適な
402	common	カモン	よく起こる
403	complete	コムプリートゥ	完全な
404	convenient	コンヴィーニャントゥ	便利な
405	cool	クール	冷たい
406	correct	コレクトゥ	正しい
407	dangerous	デインヂラス	危険な
408	dead	デッドゥ	死んだ
409	different	ディフレントゥ	違った，別の
410	difficult	ディフィカルトゥ	難しい
411	dirty	ダーティ	汚れた
412	each	イーチ	それぞれの
413	easy	イーズィ	易しい
414	elderly	エルダリィ	年配の
415	enough	イナフ	十分な
416	every	エヴリィ	すべての
417	excellent	エクセレントゥ	優れた
418	exciting	イクサイティング	わくわくさせる
419	expensive	イクスペンスィヴ	高価な
420	fair	フェアァ	公平な
421	famous	フェイマス	有名な
422	fat	ファットゥ	太った
423	few	フュー	ほとんどない
424	fine	ファイン	すばらしい
425	foreign	フォーリン	外国(人)の
426	free	フリー	自由な，暇な

427	fresh	フレッシュ	新鮮な
428	full	フル	いっぱいの
429	great	グレイトゥ	大きい，多数の
430	happy	ハッピィ	嬉しい，幸せな
431	hard	ハードゥ	硬い[固い／堅い]
432	high	ハイ	高い
433	ideal	アイディーアル	理想的な
434	ill	イル	病気で
435	important	インポータントゥ	重要な
436	intelligent	インテリヂェントゥ	頭の良い
437	international	インタナショナル	国際的な
438	kind	カインドゥ	親切な
439	large	ラーヂ	大きい；多い
440	last	ラストゥ	この前の，最近の
441	least	リーストゥ	最も少ない
442	less	レス	より少ない
443	little	リトゥル	小さい，少ない
444	local	ロウカル	地元の
445	long	ローング	長い
446	low	ロウ	低い，少ない
447	major	メイヂャァ	大きい，主要な
448	male	メイル	男性の
449	many	メニィ	多くの
450	medical	メディカル	医学の
451	modern	マダァン	現代の
452	more	モーァ	(…より)多くの
453	most	モウストゥ	最も多くの
454	much	マッチ	多くの
455	native	ネイティヴ	出生地の，母国の
456	necessary	ネセセリィ	必要な
457	negative	ネガティヴ	思わしくない
458	nervous	ナーヴァス	神経質な，不安な
459	no	ノウ	ひとつも…ない
460	opposite	アポズィットゥ	反対(側)の
461	original	オリヂナル	元の
462	past	パストゥ	過去の

463	perfect	パーフィクトゥ	完全な，完璧な
464	physical	フィズィカル	身体の
465	popular	パピュラァ	人気のある
466	possible	パッスィブル	可能な
467	present	プレズントゥ	現在の
468	pretty	プリティ	かわいい
469	public	パブリック	公共の，公的な
470	ready	レディ	準備のできた
471	real	リーアル	本当の，実在の
472	recent	リーセントゥ	最近の
473	regular	レギュラァ	規則正しい
474	same	セイム	同じ，同一の
475	separate	セパレイトゥ	別々の，分かれた
476	serious	スィリアス	重大な
477	several	セヴラル	いくつかの
478	similar	スィミラァ	似ている，同様の
479	simple	スィンプル	単純な，簡単な
480	single	スィングル	たった一つの
481	slow	スロウ	遅い
482	small	スモール	小さい，少ない
483	smart	スマートゥ	頭が良い，賢い
484	some	サム	いくつかの
485	special	スペシャル	特別の，専門の
486	square	スクウェアァ	正方形の
487	strange	ストレインヂ	変わった
488	such	サッチ	そのような
489	sure	シュアァ	確信して
490	tall	トール	背[丈]の高い
491	terrible	テリブル	ひどい
492	thick	スィック	厚い，太い
493	thin	スィン	薄い，乏しい
494	upset	アプセットゥ	取り乱した
495	whole	ホウル	全体の，すべての
496	true	トゥルー	本当の，真実の

副詞

497	abroad	アブロードゥ	海外へ[で／に]

498	☐ actually	アクチュアリィ	実際は[に]
499	☐ again	アゲン	再び, もう一度
500	☐ ago	アゴウ	(今から)…前に
501	☐ almost	オールモウストゥ	ほとんど
502	☐ already	オールレディ	すでに, もう
503	☐ also	オールソウ	～も(また)
504	☐ always	オールウェイズ	いつも, 常に
505	☐ anyway	エニウェイ	とにかく
506	☐ back	バック	後ろに[へ]
507	☐ certainly	サートゥンリィ	確かに
508	☐ down	ダウン	下へ, 下がって
509	☐ early	アーリィ	早く, 早めに
510	☐ else	エルス	その他に[の]
511	☐ especially	イスペシャリィ	特に, とりわけ
512	☐ even	イーヴン	.....でさえ(も)
513	☐ ever	エヴァ	これまで, かつて
514	☐ exactly	イグザクトゥリィ	正確に, まさに
515	☐ far	ファー	遠くに[へ]
516	☐ fast	ファストゥ	速く, 急速に
517	☐ finally	ファイナリィ	ついに, とうとう
518	☐ forward	フォーワァドゥ	前へ, 先へ
519	☐ further	ファーザァ	さらに
520	☐ hardly	ハードゥリィ	ほとんど.....ない
521	☐ here	ヒァ	ここに[で／へ]
522	☐ how	ハウ	どんなふうに
523	☐ however	ハウエヴァ	しかしながら
524	☐ instead	インステッドゥ	代わりに
525	☐ just	ヂャストゥ	ただ, ほんの
526	☐ later	レイタァ	後で
527	☐ maybe	メイビィ	たぶん, 恐らく
528	☐ nearly	ニアリィ	ほとんど, ほぼ
529	☐ never	ネヴァ	決して…でない
530	☐ not	ナットゥ	…でない
531	☐ now	ナウ	今, 現在
532	☐ off	オーフ	離れて
533	☐ often	オーフェン	しばしば, よく

534	☐ once	ワンス	1度, 1回
535	☐ only	オウンリ	わずか, ただ…だけ
536	☐ out	アウトゥ	外に, 外で
537	☐ perhaps	パァハァプス	たぶん, 恐らく
538	☐ probably	プラバブリィ	たぶん, 恐らく
539	☐ quietly	クワイエットゥリィ	静かに
540	☐ quite	クワイトゥ	まあまあ, わりに
541	☐ rather	ラザァ	かなり；ある程度
542	☐ really	リーアリィ	実際に, 本当に
543	☐ so	ソウ	とても, それほど
544	☐ sometimes	サムタイム	時々, 時には
545	☐ soon	スーン	もうすぐ, 早めに
546	☐ then	ゼン	それから
547	☐ there	ゼアァ	そこに[で／へ]
548	☐ therefore	ゼアフォー	それ故に
549	☐ too	トゥー	あまりにも
550	☐ up	アップ	高い方へ
551	☐ usually	ユージュアリィ	普通は, 大抵
552	☐ very	ヴェリィ	非常に, とても
553	☐ well	ウェル	よく, 上手に
554	☐ yet	イエットゥ	もう

前置詞

555	☐ about	アバウトゥ	～について(の)
556	☐ above	アバヴ	～の上に[へ]
557	☐ across	アクロース	～を横切って
558	☐ after	アフタァ	～の後に[で]
559	☐ against	アゲンストゥ	～に反対して
560	☐ along	アローング	～に沿って
561	☐ among	アマング	～の間で[に]
562	☐ around	アラウンドゥ	～の周りに[で]
563	☐ at	アットゥ	(一点を示して)～で
564	☐ before	ビフォー	～の前に[の]
565	☐ behind	ビハインドゥ	～の後ろに
566	☐ below	ビロウ	～より下に[の]
567	☐ between	ビトゥウィーン	～の間に[で]
568	☐ beyond	ビヤンドゥ	～を越[超]えて

569	by	バイ	～によって
570	during	ドゥリング	～の間ずっと
571	for	フォア	～のために[の]
572	from	フロム	～から；～出身の
573	in	イン	～(の中)に[で]
574	inside	インサイドゥ	～の内側に[へ]
575	into	イントゥ	～の中へ[に]
576	of	オヴ	～の
577	on	オン	～の上に
578	over	オウヴァァ	～の上(方)に
579	since	スィンス	～以来(ずっと)
580	through	スルー	～を通り抜けて
581	to	トゥ	～へ，～に
582	toward	トードゥ	～の方へ
583	under	アンダァ	～の下に
584	until	アンティル	～まで(ずっと)
585	with	ウィズ	～と(一緒に)
586	within	ウィズイン	～以内で[に]
587	without	ウィズアウトゥ	～なしに[で]

接続詞

588	although	オールゾウ	.....だけれども
589	and	アンドゥ	.....と.....
590	as	アズ	.....のとき(に)
591	because	ビコーズ	.....なので
592	but	バットゥ	しかし
593	if	イフ	もし.....ならば
594	or	オァ	.....または.....
595	than	ザァン	.....よりも
596	unless	アンレス	.....でなければ
597	whether	(ホ)ウェザァ	.....かどうか
598	while	(ホ)ワイル	.....する間に

冠詞

| 599 | a[an] | ア[アン] | 1つの，ある |
| 600 | the | ザ／ジ | その，あの，例の |

※「a[an]＋名詞」は複数(多数)あるうちの不特定の(漠然とした)1つを指す。一方、「the＋名詞」はただ1つしか存在しないもの(話し手と聞き手でお互いにわかりきっている1つのもの)を指す。

▼ MEMO

⑫ 基本重要熟語300

001	**A** as well as **B**	**B**だけでなく**A**も
002	a couple of 〜	2つ[2人]の〜
003	a few 〜	2、3の〜
004	A is to B what C is to D	
		AとBの関係はCとDの関係と同じだ
005	a kind of 〜	一種の〜
006	a little 〜	少しの〜
007	a lot of 〜	たくさんの〜
008	a number of 〜	多数の〜
009	A such as B	BのようなA
010	a variety of 〜	様々な〜
011	according to 〜	〜によると
012	after a while	しばらくして
013	after all	結局は
014	agree with 〜	〜に賛成する
015	All 〜 have to do is (to) **V**原	
		〜はVしさえすればよい
016	all the time	いつも
017	all the way	はるばる
018	all the 比較級 for 〜	〜のためにますます…
019	along with 〜	〜と一緒に
020	〜 and so on	〜など
021	apart from 〜	〜は別として
022	apply for 〜	〜に出願する
023	apply to 〜	〜にあてはまる
024	arrive at[in] 〜	〜に到着する
025	as … as ever	相変わらず…
026	as a result (of 〜)	(〜の)結果として
027	as a whole	全体として
028	as far as **S V**	**S**が**V**する限り
029	as for 〜	〜に関する限り
030	as long as **S V**	**S**が**V**する間は；
		Sが**V**するならば

031	as many 〜	同数の〜
032	as many as 〜	〜もの(数の)
033	as much as 〜	〜もの(量の)
034	as soon as **S V**	**S**が**V**するとすぐに
035	as to 〜	〜に関して
036	as usual	いつも通り
037	as well	同様に
038	ask A for B	AにBを求める
039	at any time	いつでも
040	at first	最初のうちは
041	at last	ついに
042	at once	すぐに
043	at present	現在は
044	at the same time	同時に
045	at times	時々
046	*be* about to **V**原	今にもVしそうだ
047	*be* at home	在宅して，くつろいで
048	*be* at work	働いて(いる)
049	*be* based on 〜	〜に基づいている
050	*be* busy (in) Ving	忙しくVする
051	*be* covered with 〜	〜に覆われている
052	*be* different for 〜	〜と異なっている
053	*be* dressed in 〜	〜を着ている
054	*be* faced with 〜	〜に直面している
055	*be* full of 〜	〜でいっぱいである
056	*be* good at 〜	〜が得意だ
057	*be* in sight	見えて(いる)
058	*be* interested in 〜	〜に興味がある
059	*be* junior to 〜	〜より年下である
060	*be* known to 〜	〜に知られている
061	*be* likely to **V**原	Vしそうである
062	*be* made from 〜	〜(原料)から作られた
063	*be* made of 〜	〜(材料)で作られた
064	*be* made up of 〜	〜から成り立っている
065	*be* married to 〜	〜と結婚している
066	*be* of value	価値がある

巻末資料

279

067	*be* on the way	途中［進行中］で（ある）
068	*be* ready for ～	～の準備ができている
069	*be* ready to **V**原	喜んで**V**する
070	*be* senior to ～	～より年上である
071	*be* surprised at ～	～に驚く
072	*be* tired of ～	～に飽きている
073	*be* up to ～	～次第だ
074	*be* used to **V**ing	**V**することに慣れている
075	because of ～	～のために
076	before long	まもなく
077	believe in ～	～を信じる
078	belong to ～	～に属する
079	between **A** and **B**	**A**と**B**の間に
080	both **A** and **B**	**A**と**B**の両方
081	break down	壊れる
082	break out	勃発する
083	bring about	引き起こす
084	bring up	育てる
085	but for ～	もし～がなかったら
086	by chance	偶然に
087	by means of ～	～によって
088	by *oneself*	独力で
089	by the time **S V**	**S**が**V**するまでに
090	by the way	ところで
091	call at 場所	場所を訪れる
092	call on 人	人を訪問する
093	call for ～	～を要求する
094	call off	中止する
095	call up	電話する
096	cannot help **V**ing	**V**せざるをえない
097	care about ～	～を気にする
098	carry out	実行する
099	come across ～	～に出くわす
100	come by ～	～を手に入れる
101	come from ～	～から生じる； ～に由来する

102	come to **V**原	**V**するようになる
103	come true	実現する
104	come up	話にのぼる
105	communicate with ～	～と意見を伝え合う
106	compared with ～	～と比較して
107	connect **A** with **B**	**A**と**B**を結び付ける
108	depend on ～	～に頼る
109	differ from ～	～と異なる
110	do away with ～	～を廃止する
111	do *one's* best	全力を尽くす
112	do without ～	～なしですます
113	each other	お互い
114	end in ～	結局～に終わる
115	even if **S V**	たとえ**S**が**V**したとしても
116	every time **S V**	**S**が**V**するたびに
117	except for ～	～を除いて
118	fall asleep	眠る
119	feel like **V**ing	**V**したい気がする
120	find out	見つけ出す
121	first of all	まず第一に
122	for a long time	長い間
123	for a while	しばらくの間
124	for nothing[free]	無料で
125	for the first time	初めて
126	for the most part	大部分は
127	from **A** to **B**	**A**から**B**まで
128	get along with ～	～とうまくやっていく
129	get married to ～	～と結婚する
130	get lost	道に迷う
131	get off ～	～から降りる
132	get on ～	～に乗る
133	get out of ～	～から出る
134	get over ～	～を克服する
135	get to ～	～に到着する
136	get up	起きる

137	☐ give in[way] to ~	~に負ける
138	☐ give up	あきらめる
139	☐ go ahead	先に進む
140	☐ go by	過ぎる
141	☐ go for a drive	ドライブに出かける
142	☐ go on (Ving)	(Vすることが)続く
143	☐ go through ~	~を経験する
144	☐ graduate from ~	~を卒業する
145	☐ grow up	成長する
146	☐ had better V原	Vした方がよい
147	☐ had best V原	Vするのが一番良い
148	☐ hand in	提出する
149	☐ hang up	電話を切る
150	☐ happen to V原	たまたまVする
151	☐ have ~ in mind	~を考えている
152	☐ have a good time	楽しく過ごす
153	☐ have difficulty[trouble] in Ving	
		Vするのに苦労する
154	☐ have no idea	全然わからない
155	☐ hear from ~	~から便りがある
156	☐ help A with B	AのBを手伝う
157	☐ help *oneself* to ~	~を自由に取る
158	☐ hold on	電話を切らずに待つ
159	☐ hope for ~	~を望む
160	☐ hurry up	急ぐ
161	☐ in addition (to ~)	(~に)加えて
162	☐ in case S V	SがVする場合は；
		SがVする場合に備えて
163	☐ in case of ~	~の場合には
164	☐ in contrast	それとは対照的に
165	☐ in fact	実際には
166	☐ in *one's* opinion	~の考えでは
167	☐ in other words	言い換えれば
168	☐ in public	人前で
169	☐ in return for ~	~のお返しに
170	☐ in that S V	SがVするという点で

171	☐ in the future	将来は
172	☐ in the middle of ~	~の真ん中で[に]
173	☐ in turn	交代で
174	☐ inform A of B	AをBに知らせる
175	☐ instead of ~	~の代わりに
176	☐ It is not until ..... that S V	
		..... して初めてSはVする
177	☐ It is time S V_P	SがVするときだ
178	☐ keep in contact (with ~)	
		(~との)連絡を保つ
179	☐ keep (on) Ving	Vし続ける
180	☐ keep ~ to oneself	~を秘密にしておく；
		~を独占する
181	☐ laugh at ~	~を笑う
182	☐ lead to ~	~へと至る
183	☐ learn to V原	Vするようになる
184	☐ learn ~ by heart	~を暗記する
185	☐ leave ~ alone	~を1人にしておく
186	☐ leave ~ behind	~を置き忘れる
187	☐ leave for ~	~へ向けて出発する
188	☐ listen to ~	~を聞く
189	☐ look after ~	~の世話をする
190	☐ look at ~	~を見る
191	☐ look for ~	~を探す
192	☐ look forward to ~	~を楽しみに待つ
193	☐ look like ~	~のように見える
194	☐ look up to ~	~を尊敬する
195	☐ make a mistake	間違いをおかす
196	☐ make friends with ~	~と親しくなる
197	☐ make it	成功する，間に合う
198	☐ make *one's* way	進む
199	☐ make *oneself* understood	
		(自分の言っていることを)理解してもらう
200	☐ make out	わかる，理解する
201	☐ make use of ~	~を利用する
202	☐ needless to say	言うまでもなく

巻末資料

203	next to 〜	〜の隣に
204	no longer	もはや.....ない
205	not **A** but **B**	AではなくB
206	not always	常に ..... というわけではない
207	not only **A** but (also) **B**	Aだけでなく B(も)
208	not so much **A** as **B**	AというよりはむしろB
209	nothing but 〜	〜にすぎない
210	now that **S V**	今やもうSはVするので
211	on business	仕事で
212	on the other hand	他方では
213	on time	時間通りに
214	once upon a time	むかしむかし
215	one after another	次から次へと
216	one day	ある日
217	over and over	繰り返し
218	over there	あそこに
219	pass away	亡くなる
220	pass on	次に伝える
221	pay **A** for **B**	Bの代金としてAを払う
222	pay attention to 〜	〜に注意を払う
223	point out	指摘する
224	prefer **A** to **B**	BよりもAを好む
225	prepare for 〜	〜の準備をする
226	prevent 〜 from **V**ing	〜がVするのを妨げる
227	provide **A** with **B**	AにBを供給する
228	put on	身につける
229	put up with 〜	〜に耐える
230	refer to 〜	〜に言及する
231	respond to 〜	〜に反応する
232	result from 〜	〜から生じる
233	result in 〜	結果として〜になる
234	right away	すぐに

235	rob **A** of **B**	AからBを奪う
236	run out of 〜	〜がなくなる
237	see **A** as **B**	AをBとみなす
238	see a doctor	医者に診てもらう
239	seem to **V**原	Vするように思える
240	set off (for 〜)	(〜に向けて)出発する
241	set up	設立する
242	share **A** with **B**	AをBと共有する
243	slow down	スピードを落とす
244	some ..... others	..... な者もいれば ..... な者もいる
245	some day	いつか
246	sound like 〜	〜のように聞こえる
247	share **A** with **B**	AをBと共有する
248	speak to 〜	〜に話す
249	spend **A** on **B**	AをBに費やす
250	spend 時間 (in) **V**ing	Vして 時間 を過ごす
251	stand by 〜	〜を支援する
252	stand for 〜	〜を表す
253	stay with 〜	〜の家に泊まる
254	stop 〜 from **V**ing	〜がVするのをやめさせる
255	succeed in 〜	〜に成功する
256	such a … 〜 that	とても…な〜なので.....
257	suffer from 〜	〜で苦しむ
258	take after 〜	〜に似ている
259	take care of 〜	〜の世話をする
260	take it easy	気楽にやる
261	take off	離陸する
262	take over	引き継ぐ
263	take pains	苦労する
264	take part in 〜	〜に参加する
265	take place	起こる，開催される
266	tell **A** from **B**	AとBを区別する

267	☐ thank A for B	AのBに感謝する
268	☐ thanks to 〜	〜のおかげで
269	☐ that is to say	つまり
270	☐ the moment S V	SがVするとすぐに
271	☐ the same A as B	Bと同じA
272	☐ these days	最近
273	☐ think to *oneself*	心の中で思う
274	☐ this way	このようにして
275	☐ those who V	Vする人々
276	☐ thousands of 〜	何千もの〜
277	☐ throw away	捨てる
278	☐ to begin with	最初は
279	☐ to *one's* surprise	〜が驚いたことには
280	☐ try on	試着する
281	☐ try to V原	Vしようと(努力)する
282	☐ turn into 〜	〜に変わる
283	☐ turn off	スイッチを切る
284	☐ turn on	スイッチを入れる
285	☐ turn out to be …	…であるとわかる
286	☐ upside down	逆さに
287	☐ used to V原	かつてはよくVした； かつてはVだった
288	☐ wait for 〜	〜を待つ
289	☐ watch out for 〜	〜に用心する
290	☐ what is called 〜	いわゆる〜
291	☐ what is more	その上，おまけに
292	☐ what is worse	さらに悪いことには
293	☐ what S is[am/are]	現在のS(の姿・人柄)
294	☐ what S was[were]	昔のS(の姿・人柄)
295	☐ with care	注意して
296	☐ work on 〜	〜に取り組む
297	☐ work out	考え出す
298	☐ would like to V原	Vしたい
299	☐ write[put] down	書き留める
300	☐ write to 〜	〜に手紙を書く

巻末資料

13 基本会話表現

あいさつ・お礼・謝罪

312	おはようございます。	Good morning.
313	こんにちは。※「昼頃」の「丁寧」なあいさつ	Good afternoon.
314	やあ，こんにちは。※「一日中」使える気軽なあいさつ	Hello. / Hi. ※Hiの方がより気軽
315	こんばんは。	Good evening.
316	おやすみなさい。	Good night.
317	はじめまして。（お会いできて嬉しいです）	Nice to meet you. ※初対面の人にするあいさつ
318	はじめまして。（丁寧なあいさつ）	How do you do?
319	お元気ですか?／調子はどう?	How are you (doing)?
320	——元気です。ありがとう。	(I'm) fine, thank you.
321	さようなら。／またね。	Goodbye[Bye]. / See you later.
322	ありがとうございます。	Thank you (very much).
323	どういたしまして。	You're welcome.
324	すみません。（真剣な謝罪）	I'm sorry.
325	すみません。（人の注意を引くときなど）	Excuse me.

質問・返事

326	あなたの名前は何ですか?	What is your name?
327	私（の名前）は○○です。	My name is ○○.
328	あなたはどこ出身ですか?	Where are you from?
329	私は日本出身です。（日本から来ました）	I'm from Japan.
330	何をしているの? ※主に仕事や職業を尋ねる	What do you do?
331	（今）何してるの?	What are you doing?
332	これは何ですか?	What is this?
333	トイレはどこですか?	Where is the bathroom?
334	タバコを吸ってもいいですか。	Would you mind my smoking?
335	どうぞ。	Of course not. / Certainly not.
336	いいですよ。／気にしないで。	No problem. / Never mind.
337	どうしたの?／最近どう?	What's up? ※カジュアルな会話の切り出し
338	だから何?（どうだって言うの?）	So what?
339	本当ですか?	Really?
340	私もそう思います。	I think so, too.
341	それはお気の毒に。	That's too bad.
342	そのとおりです。／それは違います。	That's right. / That's not true.
343	同意します。／反対します。	I agree. / I disagree.

344	☐ それはすばらしいですね。	That's great.
345	☐ 大丈夫(問題ない)ですよ。	That's all right.
346	☐ いいですね。	Sounds good [nice / great].
347	☐ ええと…。	Let me see.
348	☐ もう一度言ってもらえますか?	(I beg your) pardon?
349	☐ なんてこった!(驚き・困惑・喜びなど)	Oh, my God!

電話

350	☐ もしもし。／おーい，もしもーし?(呼びかけ)	Hello. / Hello?
351	☐ こちらは○○です。	This is ○○ (speaking).
352	☐ ○○さんをお願いします。	May I speak to ○○?
353	☐ .....したいです。	I'd like to V原 ..... .
354	☐ 少々お待ちください。	Just a minute, please.
355	☐ 後でまたかけ直します。	I'll call back later.

道案内・買い物

356	☐ すみませんが, ...	Excuse me, but .....
357	☐ 駅へ行く道を教えてください。	Could you tell me the way to the station?
358	☐ まっすぐ進んで、右[左]へ曲がってください。	Go straight and turn right[left].
359	☐ 次の電車に乗るといいです。	You should take the next train.
360	☐ 【店員】いらっしゃいませ。(お手伝いしましょうか?)	May I help you?
361	☐ 【 客 】はい。○○が欲しいのです。	Yes, please. I want ○○.
362	☐ 【 客 】○○を探しているのです。	I'm looking for ○○.
363	☐ 【 客 】この○○の値段はいくらですか。	How much is this ○○?
364	☐ 【 客 】(指差しながら)これを1つください。	This one, please.
365	☐ 【店員】○○はいかがですか。	How about ○○?
366	☐ 【 客 】これを着てみてもいいですか。	May I try this on?

その他

367	☐ (物を手渡しながら)はいどうぞ。	Here you are.
368	☐ お茶を1杯いかがですか。	Would you like a cup of tea?
369	☐ お茶をもう1杯いかがですか。	How about another cup of tea?
370	☐ (おすすめに答えて)お願いします。	Yes, please.
371	☐ (おすすめに答えて)結構です。	No, thank you.
372	☐ ○○を自由にとってお召し上がりください。	Please help yourself to ○○.
373	☐ 気をつけて。	Take care.
374	☐ (別れ際に)良い一日を。	Have a good day.
375	☐ 余計なお世話だ。	(It is) none of your business.
376	☐ 私は本気です。	I mean it.

INDEX
（索引）

本書に収録された文法項目を五十音順に掲載しています。なお、アルファベットの項目は「カタカナ読み」した場合の位置にあります。（例：had→ハドゥ→「は」の列）。

【訂正のお知らせはコチラ】

本書の内容に万が一誤りがございました場合は，東進WEB書店
(http://www.toshin.com/books) の本書ページにて随時お知
らせいたしますので，こちらのサイトをご確認ください。☞

※未掲載の誤植はメール <books@toshin.com> でお問い合わせください。

「全年齢対象」の「学び直し」教室

中学英語を〈もう一度〉はじめからていねいに

発行日：2024 年 2 月 22 日　　初版発行

著者：**大岩秀樹**

発行者：**永瀬昭幸**

編集担当：八重樫清隆

発行所：株式会社ナガセ

〒180-0003 東京都武蔵野市吉祥寺南町 1-29-2
出版事業部（東進ブックス）
TEL：0422-70-7456 ／ FAX：0422-70-7457
URL：http://www.toshin.com/books（東進 WEB 書店）
※本書（の正誤表）を含む東進ブックスの最新情報は東進 WEB 書店をご覧ください。

編集協力：太田涼花　佐藤誠馬　関根彩純　山下芽久
カバーイラスト：あんよ
特別音声出演：渡瀬マキ（「LINDBERG」ボーカル）
印刷・製本：シナノ印刷㈱

東進ビジネス英語講座

世界にはばたく
リーダーとしての
「ビジネスコミュニケーション力」
を高める

西方篤敬（ATSU）先生

東進ビジネススクール講師、Atsueigo運営者。
元米国公認会計士、元豪州勅許会計士、
TOEIC満点、英検1級、IELTS8.5点、TOEFL114点、
オーストラリア国立大学院卒(会計学修士)

TOEIC®は通過点!
テストの先に「世界で大活躍するための英語」がある。

　東進の『ビジネス英語講座』では、大学受験の英語から相手の「心を動かす」コミュニケーションへ、英語力を高めていきます。そのファーストステップとして、TOEIC®のスコアアップを狙う学習を進めることで、成果を感じながらコミュニケーション力を高める素地を作ります。
そのうえで、さらに発信力を鍛えるトレーニングを重ね、未来のリーダーに必要な「世界で大活躍するための英語」の力を磨いていきます。

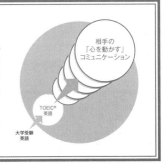

相手の
「心を動かす」
コミュニケーション

TOEIC®
英語

大学受験
英語

資料請求・お問い合わせ：
右記のQRコードからお願いいたします

東進ビジネススクール

東進　ビジネス	検索

www.toshin.com/bs/

※講座内容は予告なく改定される場合があります。

科学的な徹底訓練がスコアアップと実力向上を確実にします

東進ビジネス英語講座だけのカリキュラム
4 STEPを使い6か月で「英語力」を高める

英語力を高める4ステップ学習法
- アセスメント
- 実践トレーニング
- 基礎トレーニング
- 概念理解

---

1 概念理解

映像授業（1回30分もしくは45分）

┃ ルール・方法を学ぶ

語学習得は、スポーツ・楽器の習熟に例えられます。英語学習で最も大切な概念理解。スポーツでいえば、競技の基本ルールや方法論を学ぶステップです。東進では、実力講師による映像授業で実践的な英語を本質から理解し、それぞれのアセスメントで求められる英語の考え方・表現力・語彙力などを自分のものにします。一時停止、早戻し、再受講も自由自在。自宅や、外出先の空き時間にも受講可能です。

Point 1. 高速学習
映像授業の長所を生かして毎日受講することができます。午前5時～翌午前2時まで、21時間学習することができます。

Point 2. 確認テスト
毎回授業後にある確認テストで知識・概念の定着を図ります。

受講 ▶ 確認テスト ▶ 次の受講へ

---

2 基礎トレーニング

トレーニング

┃ 反復練習

理論に加えて、基礎的なスキルの修得も大切です。スポーツでも楽器でも、筋トレや地道な反復練習が欠かせません。TOEIC®テストの99.1%以上を網羅する高速基礎マスター講座で、語彙力と表現力を徹底的に磨きます。通勤時間などのすき間時間をフル活用できます。

【 高速基礎マスター講座 】

Point 1. 「できない」問題をリスト化
未修得の単語・熟語を洗い出しリスト化して、弱点だけを修得することができます。暗記しやすい工夫がされているため、短期間で集中して覚えることができます。

Point 2. 定期的なトレーニング
短期集中で暗記しても定期的に活用しなければ、やがて忘却してしまいます。そこで、定期的にトレーニングや修了判定テストを実施することで、一度修得した知識を深め、より確実なものにします。

---

3 実践トレーニング

TOEIC®トレーニング講座

受験 テスト ▶ 採点 ▶ 解答解説 ▶ 受験（2回目）

東進USAオンライン講座

Point 1. レベルにあった実践練習
一般的な「オンライン英会話」のような「フリートーク」ではありません。受講する講座に応じて、本人のレベルにあった適切かつ実践的な課題を練習します。

┃ 練習試合

実践トレーニングは、スポーツの練習試合にあたり、これまでの授業やトレーニングで学んだことを実践します。TOEIC® 形式問題でのトレーニング、教員資格を持ったネイティブスピーカー講師とのウェブレッスン&その場でフィードバック。最高レベルのマンツーマントレーニングを繰り返し行います。

---

4 アセスメント

TOEIC® LR テストまたは TOEIC® SWテスト

┃ 公式試合

東進では、毎月学習の成果を測ります。そのものさしとなるのが、公認の TOEIC®IP テスト（LR テスト、S テスト、W テスト）です。ETS 世界基準で今の英語力を確認できます。

※テストはコースによって種類が異なります。

アカデミック系	大学
サロン系	英会話スクール
教材販売系	出版社
予備校系	東進

東進の学習の仕組みは、大学受験で培ったノウハウが元になっています。「TOEIC® 対策」でも、「英会話対策」でも、「一定期間内にスコアアップ（実力アップ）」するには、予備校系が最も有利です。

受講プラン（例）
※TOEIC® (LR)テスト600点～730点を目指される方の場合

	1か月	2か月	3か月	4か月	5か月	6か月	1か月	2か月	3か月	4か月	5か月	6か月
概念理解	600点突破						750点突破					
基礎トレーニング	高速基礎マスター講座 ①頻出2000 ②初級熟語			高速基礎マスター講座 ③中級単語 ④中級熟語			高速基礎マスター講座 ⑤上級単語 ⑥上級熟語					
							高速基礎マスター講座 英文法750					
実践トレーニング			TOEIC®トレーニング				TOEIC®対策					
アセスメント		テスト	テスト	テスト	テスト		テスト	テスト	テスト	テスト		

東進ビジネス英語講座の**5**つのコース

1 TOEIC® LR 対策コース　　就活を見据えて TOEIC® スコアアップしたい方に‼

講座名	講師名	講数
英語学習法講座	西方 篤敬先生	映像授業 30 分 ×10 回
【下記からいずれか 1 講座】900 点突破講座 /800 点突破講座 /750 点突破講座 /600 点突破講座 /500 点突破講座 / 英語基礎力完成講座（グラマー編＋リーディング編＋リスニング編）	安河内 哲也先生	各スコア突破講座：映像授業 30 分 ×40 回　英語基礎力完成講座：映像授業 30 分 ×48 回
高速基礎マスター講座	ー	ー
TOEIC® トレーニング講座	ー	TOEIC® LR テスト 33 回分
TOEIC® LR テスト 4 回	ー	ー

安河内 哲也先生

2 ビジネススピーキングコース①　　留学先など、日常生活で使う英語を学びたい方に‼

主な担当講師

講座名	講師名	講数
英語学習法講座	西方 篤敬先生	映像授業 30 分 ×10 回
Spoken English: Basics	宮崎 尊先生 他	映像授業 45 分 ×12 回
ビジネス英語スキル別講座（リーダーシップ・コミュニケーション編）	賀川 洋先生	映像授業 45 分 ×7 回
ビジネス英語スキル別講座（日常生活編）	安河内 哲也先生	映像授業 30 分 ×8 回
ビジネス英語スキル別講座（Web 会議編）	武藤 一也先生	映像授業 30 分 ×8 回
ビジネス英語スキル別講座（日常生活編）USA オンライン講座	ー	オンラインレッスン 8 回
ビジネス英語スキル別講座（Web 会議編）USA オンライン講座	ー	オンラインレッスン 8 回
高速基礎マスター講座	ー	ー
TOEIC® S テスト 3 回	ー	ー

武藤 一也先生

3 ビジネススピーキングコース②　　ネイティブスピーカーの感覚をつかみたい方に‼

主な担当講師

講座名	講師名	講数
英語学習法講座	西方 篤敬先生	映像授業 30 分 ×10 回
【下記からいずれか 1 講座】話すための英語基礎トレーニング講座 / 話すための英語実践トレーニング講座	大西 泰斗先生	（各講座）映像授業 30 分 ×40 回
英語発音上達講座	西方 篤敬先生	映像授業 30 分 ×8 回
話すための英語 USA オンライン講座（基礎 / 実践）	ー	オンラインレッスン 30
高速基礎マスター講座	ー	ー
TOEIC® S テスト 3 回	ー	ー

大西 泰斗先生

4 アカデミック英語コース　　留学準備の英語学習をしたい方に‼

主な担当講師

講座名	講師名	講数
英語学習法講座	西方 篤敬先生	映像授業 30 分 ×10 回
大学教養英語	宮崎 尊先生	映像授業 90 分 ×12 回
TOEFL iBT スピーキング講座	スティーブ福田先生	映像授業 30 分 ×40 回
TOEFL USA オンライン講座	ー	オンラインレッスン 40 回
高速基礎マスター講座	ー	ー
TOEFL Practice Complete Test 2 回分	ー	ー

スティーブ福田先生

5 E-mail writing コース　　外国人とのやり取りでの英文 E メールを学びたい方に‼

主な担当講師

講座名	講師名	講数
英語学習法講座	西方 篤敬先生	映像授業 30 分 ×10 回
Basic Email Writing	宮崎 尊先生 他	映像授業 45 分 ×12 回
E-mail Writing 講座（初級編）	鈴木 武生先生	映像授業 45 分 ×10 回
E-mail Writing 講座（中級編）	鈴木 武生先生	映像授業 45 分 ×10 回
高速基礎マスター講座	ー	ー
TOEIC® W テスト 3 回	ー	ー

宮崎 尊先生

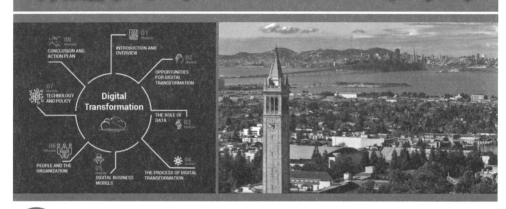

東進デジタルユニバーシティの特長

日本では学べない超AI・超DXのオンラインコンテンツ

データサイエンス領域全米大学ランキング No.1 のカリフォルニア大学バークレー校と
提携したコンテンツをご提供いたします

AIのビジネス活用をリードする講師による映像講義

株式会社ブレインパッド Chief Data Technology Officer
第2回日本オープンイノベーション大賞
農林水産大臣賞(2020年) 日本深層学習協会 貢献賞(2020年)

株式会社ブレインパッド　エグゼクティブディレクター
AI（機械学習）のビジネス利用を支援する業界の第一人者
『いちばんやさしい機械学習プロジェクトの教本』著者

合同会社ウェブコア 代表取締役社長
『みんなのPython』著者
日本ではじめての和書となるPythonの入門書

株式会社ELAN 代表取締役、株式会社Iroribi 顧問
『Python実践データ分析100本ノック』著者
（Amazonデータベース処理部門ランキング第2位）

東進デジタルユニバーシティのご紹介

カリフォルニア大学バークレー校Executive Educationと提携し、
AIを含む最先端デジタル領域の人財育成コンテンツをご提供します。

企業のデジタル改革に「東進」の教育ノウハウと全米No.1コンテンツの品質を。

東進 × Berkeley (Executive Education / UNIVERSITY OF CALIFORNIA)

30年培ってきた映像講義制作技術

東進といえば映像による講義。講義者の目線へのこだわりなど、職人技ともいえる制作技術が徹底理解を生みます

実力講師陣が手がけるプログラム

映像による講義の利点のひとつは、圧倒的な準備量で講義を"作り込める"こと。一つひとつの講義が最高の完成度を誇ります。

わかりやすさと確実な理解

講義ごとの確認テストと講義ごとの修了判定テストで、誰でも確実にスキルアップできます。

映像による「IT授業」で数多くの学生を志望校現役合格に導いてきた東進の学習コンテンツ制作技術。シリコンバレーで技術革新の中枢を担うカリフォルニア大学バークレー校。この二者の連携により誕生したのが東進デジタルユニバーシティです。AI×ビジネス領域の第一人者による最先端の講義で、企業のデジタル改革を牽引するリーダー人財の育成を目指します。

大学ランキングNo.1の名門

フォーブス誌、U.Sニュース&ワールドレポート誌など複数の世界大学ランキングでトップの実績を誇ります。

シリコンバレーの"心臓部"

ITビジネスの最前線であるシリコンバレーで、企業との協働・研究開発を担う、まさに技術革新の中心地です。

100名を超えるノーベル賞受賞者

教職員や研究者、卒業生に至るまで、素晴らしい功績を挙げる優秀な人財を多数輩出しています。(受賞者数は大学調べ)

デジタル人財教育を通じ、社会・世界に貢献するリーダーを世に送り出したい

世界では、AI分野をリードする企業がめまぐるしい勢いで躍進を遂げ、社会に大きな変革や新たな価値、雇用をもたらしています。今、最も注目される同分野の人財育成は、日本・世界をより豊かにしていくための要と言えるでしょう。しかしながら、現在の日本はこうした人財の不足がひとつの課題でもあります。東進デジタルユニバーシティでは最新テクノロジーの分野で企業や日本社会を牽引していく人財の育成を推進し、日本の国際競争力の強化と、更なる発展に貢献して参ります。

大人気書籍の著者やシリコンバレーの大学教授など他では見られない講師陣

オンライン講義の教鞭をとるのは、AI・IT領域の第一線で活躍する日米のプロフェッショナルたち。基礎学習〜世界トップ大学のMBAレベルまで、AI・ビジネス分野の権威から学びます。

最先端のビジネスケースを豊富に取り扱った実践的な講義

シリコンバレー発の最先端技術やビジネス応用事例など、実際のビジネスケースを豊富に盛り込んだ講義をご用意。進化を続けるAI技術を多様なケーススタディを通して体系的に網羅していきます。

若手層からエグゼクティブまで幅広い階層・職種に対応したカリキュラム

ひと口に「DX」といっても、おかれたポジションや専門によって課題意識や求められるゴールは様々。幅広い層に最適化できる独自の講座体系で、個々人から最大限のパフォーマンスを引き出します。

東進デジタルユニバーシティ　ウェブサイト

https://www.toshindigital.com/

東進デジタルユニバーシティ　　検索

アルファベットの書き方

ブロック体		筆記体		ブロック体		筆記体	
（大文字）	（小文字）	（大文字）	（小文字）	（大文字）	（小文字）	（大文字）	（小文字）

【注意】数字と矢印（1→ ／ 2→ ／ 3→）は基本的な書き順です。また、筆記体の場合、i や j の点や t の横棒は最後に書きます。